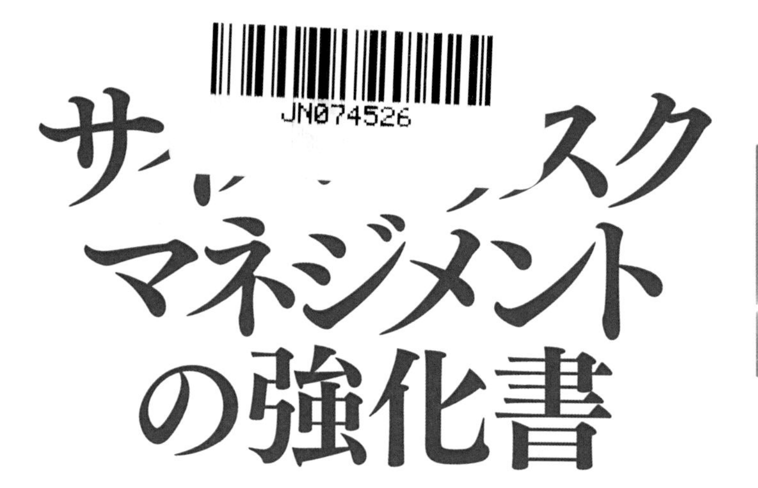

サイバーリスクマネジメントの強化書

経団連「サイバーリスクハンドブック」実践の手引き

梶浦敏範・佐藤徳之 監修

CRMJ 研究会 編著

CYBER RISK MANAGEMENT

日刊工業新聞社

はじめに

急速に発展するデジタル技術は、社会構造そのものを大きく変えつつある。日本政府が提唱した「Society5.0」、すべてがつながる超情報化社会の実現は、そのほとんどを産業界が担うことになる。しかしデジタル技術、デジタルデータ、ITシステムやネットワークに依存する社会は、新たなリスクも孕んでいる。社会の基幹システムが止まれば、その影響は甚大なものになるし、その原因も事故や故障だけでなく、悪意ある攻撃もあり得る。新しい社会の果実を得るためには、サイバーリスクへの備えが欠かせない。

（一社）日本経済団体連合会（経団連）では、2014年からサイバーセキュリティ強化のための会合を開き、議論の成果を政府への提言や産業界、特に経営層への意識改革を求める文書として公表してきた。とかく「サイバーセキュリティは技術課題」と考えて、CISO（Chief Information Security Officer）やIT部門に任せてきた経営層に、「サイバーセキュリティは経営課題」との意識を持ってもらおうと考えてのことである。

経団連は、2017年までに3つの提言を公表した後、2018年3月に加盟している約1,500の企業・機関名において「サイバーセキュリティ経営宣言」[1]を発表した（**図0-1**）。これは、

1. 経営課題として認識
2. 経営方針の策定と意思表明
3. 社内外の体制構築・対策の実施
4. 対策を講じた製品・システムやサービスの社会への普及
5. 安心・安全なエコシステムの構築への貢献

を謳ったものである。さらに、「サイバーセキュリティは経営課題」と認識した経営層が最初に熟読すべきものとして、2019年10月に「サイバーリスクハ

1　2022年10月に更新

Declaration of Cyber Security Management 2.0

経団連サイバーセキュリティ経営宣言 2.0

2022年10月
一般社団法人　日本経済団体連合会

新型コロナウイルス感染症を受けた社会経済活動の変容やデジタルトランスフォーメーション（ＤＸ）の進展に伴い、各産業にとどまらず社会全体でサイバー空間とフィジカル空間の融合が進んでいる。一方、サイバー攻撃を受けた際の被害がフィジカル空間にも波及し、事業活動や国民生活に甚大な影響を及ぼす事例が後を絶たない。取引先や海外子会社等のサプライチェーンを経由したサイバー攻撃も増加傾向にある。また、地政学的緊張の高まりがサイバー空間にも波及する中、サイバーセキュリティは国家安全保障に関わる最重要領域の一つとなっている。

こうした状況下、Society 5.0 for SDGsの実現に向けた価値創造やバリューチェーンの構築、さらにはリスクマネジメントの観点から、実効あるサイバーセキュリティ対策を講じることは、いまやすべての企業にとって、経営のトッププライオリティと言っても過言ではない。

経済界は、全員参加でサイバーセキュリティ対策を推進し、安心・安全なサイバー空間の構築に貢献すべく、以下の事項の実践に努めることを宣言する。

経営課題としての認識

- 経営者自らが最新情勢への理解を深めることを怠らず、DXを進めるうえで必須となるサイバーセキュリティを投資と位置づけて積極的な経営に取り組む。
- 経営者自らがデジタル化に伴うリスクと向き合い、サプライチェーン全体を俯瞰したサイバーセキュリティの強化を経営の重要課題として認識し、リーダーシップを発揮しつつ、自らの責任で対策に取り組む。

経営方針の策定と意思表明

- 特定・防御だけでなく、検知・対応・復旧も重視した上で、経営方針やインシデントからの早期回復に向けたBCP(事業継続計画)の策定を行う。
- 経営者が率先して社内外のステークホルダーに意思表明を行うとともに、認識するリスクとそれに応じた取り組みを各種報告書に記載するなど開示に努める。

社内外体制の構築・対策の実施

- 予算・人員等のリソースを十分に確保するとともに、社内体制を整え、人的・技術的・物理的等の必要な対策を講じる。
- 経営・企画管理・技術者・従業員の各層における人材育成と必要な教育を行う。
- サイバーセキュリティ対策のガイドライン・フレームワークの活用や、政府によるサイバーセキュリティ対策支援活動との連携等を通じて、取引先や委託先、海外も含めたサプライチェーン対策に努める。

対策を講じた製品・システムやサービスの社会への普及

- 製品・システムやサービスの開発・設計・製造・提供をはじめとするさまざまな事業活動において、サイバーセキュリティ対策に努める。

安心・安全なエコシステムの構築への貢献

- 関係官庁・組織・団体等との連携のもと、各自の積極的な情報提供による情報共有や国内外における対話、人的ネットワーク構築を図る。
- 各種情報を踏まえた対策に関して注意喚起することによって、サプライチェーン全体、ひいては社会全体のサイバーセキュリティ強化に寄与する。

Declaration of Cyber Security Management 2.0

図0-1　サイバーセキュリティ経営宣言

図0-2 サイバーリスクハンドブック

ンドブック」[2]を出版した（**図0-2**）。これは、インターネット・セキュリティ・アライアンス（Internet Security Alliance：ISA）と全米取締役協会（National Association of Corporate Directors：NACD）が、2014年に『企業の取締役向けサイバーリスクハンドブック（Cyber Risk Oversight Director's Handbook）』として公表したものを、ISAと協力して日本語化したものである。内容として、以下の5つの原則が明示されている。

原則1 取締役は、サイバーセキュリティを単なるITの問題としてではなく、全社的なリスク管理の問題として理解し、対処する必要がある。

原則2 取締役は、自社固有の状況と関連づけて、サイバーリスクの法的意味を理解すべきである。

原則3 取締役会は、サイバーセキュリティに関する十分な専門知識を利用できるようにしておくとともに、取締役会の議題としてサイバーリスク管理を定期的に取り上げ、十分な時間をかけて議論を行うべき

2 https://www.keidanren.or.jp/policy/cybersecurity/CyberRiskHandbook.html

である。

原則4　取締役は、十分な人員と予算を投じて、全社的なサイバーリスク管理の枠組みを確立すべきである。

原則5　サイバーリスクに関する取締役会における議論の内容として、回避すべきリスク、許容するリスク、保険などによって軽減・移転すべきリスクの特定や、それぞれのリスクへの対処方法に関する具体的計画等を含めるべきである。

さらに、忙しい上にデジタル技術に詳しくない経営層でも親しめるように、

1. 約30ページと薄い
2. 専門用語がほとんどない
3. 取締役が会議で（説明するではなく）何を質問すべきかがわかる

という特徴を持っている。本来、米国の社外取締役のためのハンドブックだが、日本の経営層にも非常に役に立つと思われる。

2022年5月に、モノづくり日本会議と日刊工業新聞社は、このハンドブックをより多くの人に知ってもらい、内容をより深く理解してもらうためのオンラインセミナー「企業価値革新検討会：サイバーリスクに組織一丸で立ち向かう」を実施した。本書は、好評をいただいたそのセミナーの内容をもとに書籍化し、さらに多くの人にお届けしようとするものである。国際情勢の緊張や、犯罪者側も技術革新が増す現在、経営層や次の経営者を目指す人に愛読していただきたいと考える。

梶浦 敏範

本書の読み方

先に示したISA・NACDの5原則に沿い、サイバーリスクマネジメントについて取締役が果たす役割を解説している。さらに国内外のサイバー攻撃事例を紹介し、そこから得られる教訓を引き出す。

本書は、サイバーリスクハンドブックを読み「企業経営リスクとして知っておくべき事項はわかった。では、実際にどう対処していけばよいのか」との声に応えることを企図している。そのため、各分野の実務に精通した専門家が執

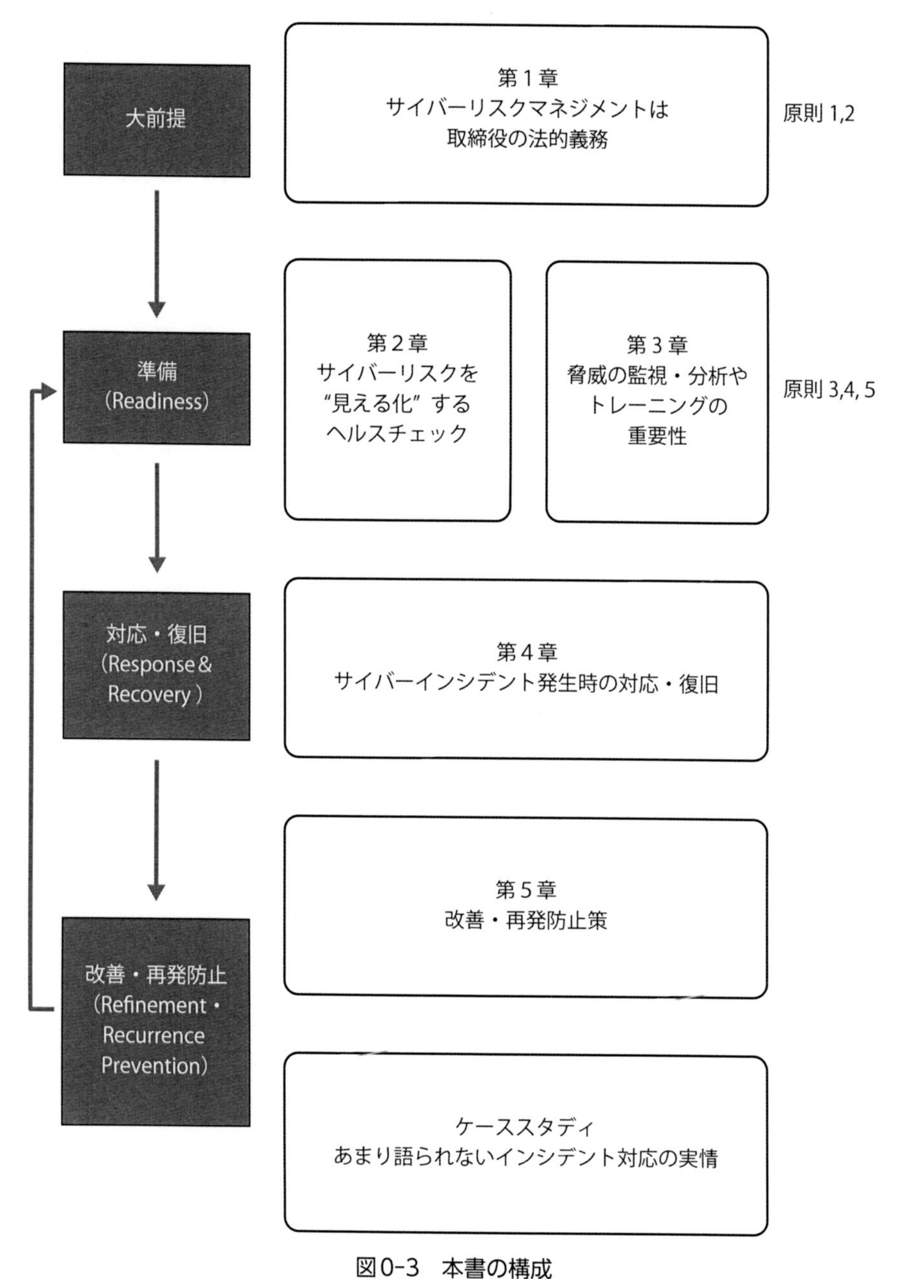
大前提
第１章
サイバーリスクマネジメントは
取締役の法的義務
原則 1,2
準備
(Readiness)
第２章
サイバーリスクを
"見える化" する
ヘルスチェック
第３章
脅威の監視・分析や
トレーニングの
重要性
原則 3,4, 5
対応・復旧
(Response＆
Recovery)
第４章
サイバーインシデント発生時の対応・復旧
改善・再発防止
(Refinement・
Recurrence
Prevention)
第５章
改善・再発防止策
ケーススタディ
あまり語られないインシデント対応の実情

図0-3　本書の構成

筆陣に加わった。具体的には、インシデント発生を想定した「準備」「対応・復旧」「改善・再発防止」という一連のサイクルを回すことにより、リスクの最小化を図ることを提案したい（**図0-3**）。

第1章では、米国の例を教訓として、サイバー攻撃はいつ起きてもおかしくない現実問題であることを紹介。その上で主に法的視点から、サイバーリスクマネジメントは取締役の責任であることを概説する（原則1，2に対応）。

続く第2・3章では、サイバーリスクへの備えとして、サイバーリスクの“見える化”と脅威の監視・分析・トレーニングの重要性について、実務的な観点を交えて各執筆者の考えをまとめている（原則3，4，5に対応）。

また、第4章では、実際にサイバーインシデントが発生した場合の対応・復旧について、実務的な見地から解説する。

第5章では、被害を受けることを前提として、改善・再発防止策を講じることの重要性について説く。

最後に、ある企業で起きた事案を物語仕立てで紹介し、他山の石とできるようケーススタディとして収録している。

本書が、企業のサイバーインシデントに対するレジリエンス（強靭性）強化の一助になれば幸いである。

サイバーリスクマネジメントの強化書
経団連「サイバーリスクハンドブック」実践の手引き

目　次

第5章 改善・再発防止策

Column

第1章

サイバーリスク
マネジメントは
取締役の法的義務

1 米国の先進事例からの学び

1-1 米国における近時のサイバー攻撃事例と教訓

サイバーセキュリティリスクについて論じる手始めに、マルウェア（悪意のあるソフトウェアおよびソースコード）などによるサイバー攻撃の「激戦区」である米国における最近の事例を紹介し、そこから得られる教訓を挙げたい。

まず、米国におけるサイバー攻撃の現状について概説する。一言で言うと、米国はサイバー攻撃の「激戦区」と表現できる。サイバー攻撃の頻度、金額規模は増加傾向にあり、減少する気配はまったくない。また、サイバー攻撃の手法についても極めて高度化している。とりわけ、ランサムウェア（コンピューターなどの端末に保存されているファイルを利用不可能にして、そのファイルを元に戻す対価を要求する不正プログラム、90ページ参照）攻撃により支払いを要求される身代金の額は多額であり、被害企業が数万ドルから数千万ドルの規模にも及ぶ身代金の支払いに至る事件も多数発生している。

また、サイバー攻撃の主体は犯罪組織に限られない。犯罪組織のみならず、政府機関もこのような行為に関与、加担しているのである。特に米国においては、サイバー攻撃が起きると「この攻撃はロシアが背景にいた」とか、「中国が関与している」というように、メディアの報道においても政府機関による関与が騒がれることを頻繁に見かける。さらに、被害者についても民間企業に限らず、政府機関が対象となることも珍しくない。

以下に、具体例を紹介していく。

⑴元従業員によるCash App利用者データの侵害（2022年4月）

Cash App（送金アプリ）利用者の口座情報を含む個人情報が、2021年12月に元従業員によって漏洩しており、2022年4月のSEC（米国証券取引委員会）に対する報告書によって発覚した。正確な被害状況は未確認であるが、少なくとも800万人以上が確認対象となっているようであり、被害規模の大きさが計り知れない。

この事件は外部のハッカー集団による行為ではなく、元従業員による漏洩であり、内部者からの漏洩があるリスクを物語っている。

⑵Microsoftに対するハッカー集団によるサイバー攻撃（2022年3月）

2022年3月20日、ハッカー集団であるLapsus$がMicrosoftへのハッキング（学術的にはクラッキングと呼ばれる）を公表した。その2日後の2022年3月22日に、Microsoftが当該攻撃を認め、顧客情報の漏洩がないことを報告している。

この事件は、Microsoftという米国随一のIT企業でさえ、ハッカー集団の攻撃対象となることを示しており、企業にとってサイバー攻撃は現実的なリスクであることを痛感させられる。

⑶Crypto.comに対するハッキングによる仮想通貨の盗難（2022年1月）

2022年1月17日、ハッカーにより483人のCrypto.com利用者のウォレットが侵害され、30万米ドル超に相当する暗号資産（仮想通貨）が盗まれた。被害企業は、当初仮想通貨が盗まれてはいないとしつつ、後日盗まれたことを認め、ユーザーに対して全額補填を実施した。

被害企業が、当初は仮想通貨の盗難がないとしつつ後日、盗難を認めたという事例であり、有事発生時の対顧客、対取引先、対当局との間で、どのようにコミュニケーションをすべきか考えさせられる事例である。

⑷Equifaxにおける個人情報漏洩（2017年）

米国内の三大消費者信用情報サービスの1つであったEquifax社が保有する約1.5億件（これは米国国民の約半数に相当する）の個人情報が漏洩した事案である。同社の使用するWebアプリケーションフレームワークの脆弱性が2017年3月に公開され、その約2か月後に侵入を受け、その4か月後の同年7月にはサイトが完全停止してしまった。2017年9月に情報公開した際には、同社の株価は約35%も下落した。

事故対応費用としては、事件発生から2018年12月末までの約1年6か月で、約5億6,250万ドルの費用を要したとされており、そのうち保険でのカバー額は約1億2,500万ドルと言われている。このことから、サイバー保険によって金銭的な損害がある程度、補填されたことがわかり、企業にとってはサイバー保険加入を本格的に検討すべきことを教えてくれる。

また、本件は内部の調査チームに加え、(法律事務所を含む) 外部専門家による検証も実施した事例である。常日頃から外部専門家と密に連携し、いつでも相談できる体制を構築しておくことが重要で、サイバー攻撃を受けたときは信頼関係をすでに築いている外部専門家による検証を実施できるような関係性を保つことの重要性を示している。

さらに、脆弱性発覚後の対応の遅れ、内部でのIT組織構造の不備 (社内セキュリティチームとITチームの連携の悪さ)、経営陣によるサイバーセキュリティの軽視 (経営会議では四半期に1度しか取り扱われなかったようである) などが指摘されている。事件には必ず「前触れ」があるとされ、それを感知できるように、経営陣がサイバー攻撃を現実的な「リスク」と捉えた上で、事前の対応体制を構築することが必要である。

⑸JBS Foodsに対するランサムウェア攻撃 (2021年)

ブラジルに本社を置く、食肉加工業大手のJBS Foodsの米国子会社が、ロシアのサイバー犯罪組織REvilによるものと思われるランサムウェア攻撃により、工場施設の操業停止に追い込まれた事案である。サーバーに対する攻撃を受け、北米及びオーストラリアのITシステムに障害が発生し、工場施設が操業停止に至った。また犯罪組織に対して、約1,100万ドル相当の身代金が暗号資産により支払われている。さらに、施設操業は早期に再開されたものの、一時、世界的な食肉不足が懸念される事態にも至り、米国国民の関心を集めた。

親会社はブラジルにある企業の米国子会社がサイバー攻撃を受けた事例である。親会社が米国外の企業であり、米国子会社がサイバー攻撃を受けたものであって、米国に進出している日系企業にとって参考になる事案である。米国子会社がサイバー攻撃を受けると、米国外の親会社を含んだ世界的な影響が起き得ることを認識させる事件であった。

⑹コロニアル・パイプラインに対するランサムウェア攻撃 (2021年)

アメリカ東海岸の燃料供給の約45%を担う民間企業であるコロニアル・パイプライン社が、犯罪グループDarkSideからのランサムウェア攻撃を受け、1週間にわたる操業停止に追い込まれた事案である。2021年4月29日、システムに侵入したDarkSideは、わずか2時間で100GB以上の企業データを窃取し、情報をネット上で公開すると脅迫し、身代金の支払いを要求した。同社CEOはこれを容認し、440万ドルを暗号資産で支払った。操業停止の発表によりガソリンのパニック買いが発生し、社会的にも大きな影響を与えた事件であった。

ハッカー集団によるサイバー攻撃が成功した理由としては、コロニアル・パイプライン社において、MFA（Multi-Factor Authentication、多要素認証）が適用されていない未使用のVPNプロファイルが放置されていたことが要因とされている。技術面においても、サイバー攻撃を意識した対策が必要であることを物語るものである。

余談ではあるが、上記⑴から⑹の事例のうち背景や対応は各ケースにおいてそれぞれ異なったが、それ以上に被害企業の業種により、報道を受けた一般大衆からの「見られ方」や「同情」のレベルも異なったことも確かであろう。例えば、情報を売り物にしているEquifaxやCash Appなどに対しては、牛肉やガソリンを取り扱っていた被害企業に比べて、はるかに風当たりが強かったというのが筆者の印象である。

1-2　身代金支払いにあたっての検討要素の複雑化

最近までサイバー攻撃を受けた場合の解決策として、ハッカー集団に対して直ちに身代金（ランサム）を支払うことは、考え得る選択肢としてあった。しかし、2021年9月21日付け米国財務省Office of Foreign Assets Control（OFAC）によるUpdated Advisory on Potential Sanctions Risks for Facilitating Ransomware Paymentsを踏まえると、このような選択肢が直ちに正解となることはなく、身代金支払いにあたっての検討要素は複雑化している。

すなわち、米国政府は企業に対し、ハッカー集団からの身代金支払要求について控えることを強く要請しており、身代金を要求する者の背後に、Specially Designated Nationals and Blocked Persons List（SDN List）に掲載された国（具体的には北朝鮮、キューバ、イランなど）が存在しないか否かについても確認する必要がある。

さらには、軽率にハッカー集団に対して身代金支払った場合、米国当局から制裁を受ける恐れがある。一例として2021年9月、OFACは身代金の支払を促進したとして、仮想通貨交換業者SUEX OTC, S.R.O.をMalicious Cyber Actorに認定している。

このように、早期解決のために身代金をハッカー集団に即時支払うことは、米国当局からの制裁を受ける新たなリスクを招く恐れがある。したがって、身代金支払の意思決定プロセスの事前決定や明確化の必要性が高まっている。

1-3 CISAによるベストプラクティスおよびバッドプラクティス公表例

次に、CISA（The Cybersecurity and Infrastructure Security Agency）によるベストプラクティスとバッドプラクティスについて、公表例を紹介する。

(1)ベストプラクティスを例示

CISAは、例えば次に掲げるような各局面におけるベストプラクティスを例示しており、サイバーセキュリティを考えるうえで非常に参考になる。

①テレワークにおけるセキュリティ

パンデミックをきっかけとしたIT技術の進歩により、数年前では考えられなかったテレワークが一般的になっている。それゆえ、テレワーク特有のサイバー攻撃の弱点が表れており、CISAはテレワークにおけるセキュリティに関するベストプラクティスを例示し、社内の役割に応じた考慮事項を提示している。

②“Recommended Cybersecurity Practices for Industrial Control System”において、次に掲げる考慮事項を提示しており、企業が検証すべき要素の参考となる。

i）Risk Management Program（脅威、リスクの特定など）

ii）Cybersecurity Architecture（ポリシー、方針、有事対応時の手続など）

iii）Physical Security（アクセス権限の設定、多要素認証の導入、警告機能の導入など）

iv）ICS Network Architecture（ネットワークの分割、外部、内部の中層部分のネットワークの導入など）

v）ICS Network Perimeter Security（外部アクセスの制限、監督など）

vi）Host Security（システム脆弱性への対応、バックアップ体制の強化など）

vii）Security Monitoring（監視体制の確立、アラートシステムの導入など）
viii）Vendor Management（サプライチェーン・マネジメント、業務委託契約におけるサイバーセキュリティに関する手当など）
ix）Human Element（社内教育、セキュリティに関する社内文化の醸成など）

⑵避けるべきバッドプラクティス

CISAは、ベストプラクティスだけではなく反面教師となるバッドプラクティスについても例示しており、具体的には以下の通りである。

○古い（すでにサポート期間の終了している）ソフトウェアの使用
○固定化されたパスワードや外部に認識されているパスワードの継続使用
○リモートアクセスにおける認証が一段階しか存在しない

上記の例は、日常において頻繁に見かける事象であり、見過ごされることが多いものである。しかし、多数の漏洩事件において事件の原因として挙げられる事由であり、優先的に確認しておきたい。

1-4　米国におけるサイバー攻撃事例から見るプレスリリースの実際

コロニアル・パイプラインの事例に加え、次に掲げる2つのサイバー攻撃事例とこれらのプレスリリースの内容を整理することで、プレスリリースに記載すべき要素を検討する。そして、日頃から何を意識しておかなければならないかについて検証したい。

⑴Campbell Conroy & O'Neil, P.C.

2021年6月に、Campbell Conroy & O'Neil, P.C.というニューヨークに所在する法律事務所がサイバー攻撃を受けた事例であり、事件に関しては、プレスリリースが1回なされたものである。

⑵イリノイ州司法当局

2021年3月に、イリノイ州司法当局がサイバー攻撃を受けた事例であり、事件に関して、イリノイ州司法当局は2回プレスリリースを行ったものである。

(3)プレスリリースに記載すべき要素の検討

コロニアル・パイプライン、Campbell Conroy & O'Neil, P.C.およびイリノイ州司法当局のプレスリリースを比較検討すると、**表1-1**のように整理でき、その要素としては下記の6つに整理できる。

i）事件に関する情報（Information about the Incident）

何よりも事件に関する情報の開示が重要である。被害企業が、いつ、どのような経緯で、事件の存在を知ったのかについては最低限必要な情報となる。

また、事件に関するプレスリリース実施の回数、頻度も検討に値する。タイムリーで正確な情報開示が求められる一方で、不確定で誤った情報を開示することはかえって顧客、取引先などの混乱を招くため、スピードと正確性のバランスをとってプレスリリースを実施する必要がある。

ii）事件発覚からすでに取られた対策（Steps or Measures Taken Since Discovering the Incident）

事件発覚の後、被害者がどのような対策を講じたのかも重要な要素となっている。具体的には、外部のフォレンジック（不正・犯罪の痕跡調査）専門家、サイバーセキュリティ専門家、外部の技術専門家と連携していること、調査を依頼していることなどをタイムリーに開示することは当たり前になっており、常日頃からこのような専門家へのコンタクト先を確保し、密接な連携を取れる関係を構築する必要がある。

また、FBIなどの政府当局に通報したという事実もプレスリリースには記載される典型的な要素であり、これについてはサイバー攻撃を受けたときに、どこに通報するのかをあらかじめシミュレーションしておくことが重要である。

iii）どのような情報が漏洩、侵害されたのか（What Kinds of Information was Compromised）

どのような情報が漏洩、侵害されたのかということも重要となる。情報の内容は千差万別であり、秘匿性が高いものが漏洩したのか、それとも秘匿性が低いものが漏洩したのかによっても、社会の反応は異なってくる。そのため、企業としてはどのような機密情報を扱っているのかを常に掌握し、仮に漏洩した場合に影響がどの程度か予測できていることが望ましい。

表1-1　プレスリリースに記載されたサイバー攻撃に関する情報

要素	Campbell Conroy & O'Neil, P.C.	コロニアル・パイプライン	イリノイ州司法当局
i）事件に関する情報（Information about the Incident）	➢2021年2月、ネットワークに対していつもとは違う活動が見られた	➢2021年5月8日から同月17日にかけて9回ものタイムリーなプレスリリースが行われ、事件に関する情報が公開された	➢2021年4月13日から同月29日にかけて2回のタイムリーなプレスリリースが行われ、事件に関する情報が公開された
ii）事件発覚からすでに取られた対策（Steps or Measures Taken Since Discovering the Incident）	➢外部のフォレンジック業者と協働していること ➢FBIに事件を通報したこと	➢外部のサイバーセキュリティ業者を起用したこと ➢Department of Energyを含む政府当局にコンタクトしたこと ➢コンピューターウイルスを抑え込むため、システムをオフラインにしすべての操業を停止したこと	➢外部の技術専門家と協働していること ➢政府当局からの支援を得ていること
iii）どのような情報が漏洩、侵害されたのか（What Kinds of Information was Compromised）	➢顧客のセンシティブ情報	N/A	➢顧客のセンシティブ情報
iv）コンタクト先（Contact Information）	➢コールセンターを開設	N/A	➢ホットラインを開設
v）身代金支払いの有無（Whether or Not Ransom Was Paid）	N/A	➢4,400万ドルの身代金支払いを認め、そのような判断に至った理由も説明	N/A
vi）サイバー保険のカバー内容（What Cyber Insurance Policy Covered）	N/A	➢サイバー保険加入の事実は開示するが、その内容については非公表	N/A

出典：コロニアル・パイプライン、Campbell Conroy & O'Neil, P.C.およびイリノイ州司法当局の各プレスリリースを取りまとめて作成

iv）コンタクト先（Contact Information）

コールセンターを設置して、顧客からの問い合わせに応じることをプレスリリースすることもある。そのため、有事の際にコールセンターを設置するか否かについても、あらかじめ検討する要素となる。

v）身代金支払いの有無（Whether or Not Ransom was Paid）

ハッカー集団に対して、身代金を支払ったか否かについて公表し、場合によってはその金額を開示することがある。しかし、上記OFACのガイドラインも踏まえ、身代金を支払うべきか否か、身代金支払いの有無をプレスリリースすべきか否かについて、慎重な検討が必要となる。

vi）サイバー保険のカバー内容（What Cyber Insurance Policy Covered）

サイバー保険加入の必要性が広く認知されている現在の状況では、サイバー保険に加入していることが顧客や取引先にとって安心材料になることもあり得るため、その公表についても検討すべきことになる。

2 サイバーセキュリティはビジネスリスク

2-1 サイバーセキュリティとは

「サイバーセキュリティとは何か」と質問されて、即座に回答できる取締役はどれぐらいいるだろうか。

サイバーセキュリティと聞くと、サイバー空間のセキュリティを確保することや、サイバー攻撃から保護することをまず想像するかもしれない。確かに、米国国立標準技術研究所（National Institute of standard and Technology：NIST）が2018年4月に公開した「重要インフラのサイバーセキュリティを改善するためのフレームワーク 1.1版」（Framework for Improving Critical Infrastructure Cybersecurity Version 1.1、以下「CSF」と呼ぶ）において、サイバーセキュリティは「攻撃を防止、検知し、攻撃に対応することにより情報を保護するプロセス（The process of protecting information by preventing, detecting, and responding to attacks.）」と定義されており、サイバー攻撃への対応を意識しているものと考えられる。

他方、わが国において、サイバーセキュリティ基本法（平成26年法律第104号、令和3年法律第36号改正、以下「基本法」と呼ぶ）2条では以下のように定義されている。

この法律において「サイバーセキュリティ」とは、電子的方式、磁気的方式その他、人の知覚によっては認識することができない方式（以下この条において「電磁的方式」という。）により記録され、又は発信され、伝送され、若しくは受信される情報の漏洩、滅失又は毀損の防止その他の当該情報の安全管理のために必要な措置並びに情報システムおよび情報通信ネットワークの安全性及び信頼性の確保のために必要な措置（情報通信ネットワーク又は電磁的方式で作られた記録に係る記録媒体（以下「電磁的記録媒体」という。）を通じた電子計算機に対する不正な活動による被害の防止のために必要な措置を含む。）が講じられ、その状態が適切に維持管理されていることをいう。

基本法では、サイバーセキュリティにおける保護すべき対象として、①情報、②情報システム、および③情報通信ネットワークが規定されている。①情報はいわゆるデータを意味し、この漏洩、滅失または毀損の防止や安全管理のために必要な措置を講じることが求められ、②情報システムおよび③情報通信ネットワークに対しては安全性のみならず、信頼性の確保のために必要な措置を講じることが求められている。そして、いずれの対象に対しても、このような措置が講じられた状態が適切に維持管理されていることまで求められている。

このように、サイバーセキュリティと聞くと、攻撃を防止することとか、データを保護することが最優先のように語られることもあるが、情報システムや情報通信ネットワークも含めて保護すべきであることが基本法では規定されていることになり、CSFの定義より広い概念であると言えよう。

サイバーセキュリティと似ている単語として、情報セキュリティがある。情報セキュリティとはJIS Q 27000：2019においては、「情報の機密性、完全性および可用性を維持すること」と定義されている。機密性（Confidential）は「認可されている個人、エンティティ（主体）、またはプロセスに対して、情報を使用させず、また、開示しないという特性」を意味する。完全性（Integrity）は「正確さおよび完全さという特性」を意味する。可用性（Availability）は「認可されたエンティティ（主体）が要求したときに、アクセスおよび使用が可能である特性」を意味する[3]。これらの頭文字を取って、情報のCIAと呼ばれることもある。この情報のCIAを保護し維持するために、前述の基本法では、「情報の漏洩、滅失または毀損の防止」と規定されており、情報セキュリティをも含めた概念と捉えることもできる。

3　総務省「国民のための情報セキュリティサイト」(https://www.soumu.go.jp/main_sosiki/joho_tsusin/security/business/executive/02.html)では、機密性とは、許可された者だけが情報にアクセスできるようにすること、完全性とは、保有する情報が正確であり、完全である状態を保持すること、可用性とは、許可された者が必要なときにいつでも情報にアクセスできるようにすること、をそれぞれ意味する。

2-2　サイバーリスクはビジネスリスク

リスク（risk）にもさまざまな定義がある。リスクとは、例えばJIS Q 27000：2019においては、「目的に対する不確かさの影響」と定義されているし、他方、CSFでは、「発生し得る状況またはイベントによって、あるものが脅かされる程度の尺度であり、通常、(i) 当該の状況またはイベントが発生した場合にもたらされると考えられる悪影響と、(ii) 発生の可能性との計算式（関数）によって求められる（A measure of the extent to which an entity is threatened by a potential circumstance or event, and typically a function of：(i) the adverse impacts that would arise if the circumstance or event occurs；and (ii) the likelihood of occurrence.)」と定義されている。

このことから、サイバーリスクとは、サイバーが脅かされる程度のことを意味すると言え、一般的にはリスクが顕在化した場合の影響度と発生可能性の掛け算で求められる。

ビジネスを継続する場合、地震、火災、感染症の流行、津波、土砂崩れ、台風などの自然災害から、為替の乱高下、政策の変更、役職員の交通事故、病気などさまざまなリスクがつきものである。これらのリスクの一つにサイバーリスクが含まれるが、他のリスクと同じ対策を考えるべきではない。自然災害のようなほとんど発生しないが発生時に甚大な被害を及ぼしかねないリスクに対しては、対策を最小限にすることばかりを考えてしまい、コストをかけないという意識が働く。

しかし、サイバーリスクは複雑性を帯び、企業は従来型の保護措置では防御しきれない状況に直面してきている。複雑性ゆえに、サイバーリスクが顕在化した場合の影響は、各企業にとって低いものから甚大なものまでさまざまな状況にあり、各企業で影響度の高いものから順に対策を講じることを考えなければならない。特に大量のデータ漏洩が企業に与える影響は、情報の滅失や毀損の場合よりも大きいこともある。

また自然災害や他のリスクよりも、サイバーリスクは発生頻度が高くなっている。昨今はランサムウェアによる被害が増大しており、過去3年間にランサムウェア被害に遭った企業は、グローバル全体では66.7％、日本だけでも

34.5%との統計もある[4]。さらに、組織のレピュテーションやブランドに深刻なダメージを与えることもあり、金額換算は容易にはできないほどの損失にもつながり、これによって取締役らには法的リスクが生じることもある。

したがって、サイバーリスクは自然災害や人的災害のリスクの一つと同様に捉えるものではなく、よりビジネスに直結するビジネスリスクとして捉えるべきである。このように考えると、サイバーリスクは情報システム部門や情報管理部門だけが対応すればよいという問題ではなく、経営レベルとして、取締役会レベルの問題として捉える必要があることになる。そうであれば、サイバーリスクに立ち向かうために、全社を挙げて包括的な組織づくり、体制づくりをしていかなければならないことは自明である。

2-3 取締役として意識すべきこと

取り巻く環境の変化

ほとんどの企業において、昨今のデジタル化に伴って取り巻く環境に変化が生じていることは、取締役として意識しておくべき事柄である。以下、6つの変化について述べる。

第1に、企業において保有するデータへの接続形態が変化してきている。これまではオンプレミス[5]と呼ばれる社内のサーバーにアクセスし、顧客データや従業員データを用いた業務処理、スケジュールや業務管理などの社内システム、電子メールや掲示板などのさまざまなサービスを活用しつつ、社内の端末からしかアクセスできないようなシステムを構築していた環境が一般的であった。

しかし、昨今はクラウド・バイ・デフォルト原則[6]が謳われ、クラウドサービスの活用が促進され、オンプレミスの環境と併用してクラウドサービスを活

4　トレンドマイクロ株式会社「ランサムウェア攻撃グローバル実態調査2022年版」

5　オンプレミスとは、従来型の構築手法で、アプリケーションごとに個別の動作環境（データセンター、ハードウェア、サーバーなど）を準備し、自らコントロールするもの。

6　クラウド・バイ・デフォルト原則とは、クラウドサービスの利用を第一候補として、その検討を行うものとする原則である（各府省情報化統括責任者（CIO）連絡会議決定「政府情報システムにおけるクラウドサービスの利用に係る基本方針」（2018年6月7日））。

用する企業が増加している。クラウドサービスを活用することでクラウドサービスに多様なデータが保存されるようになり、クラウドサービスはどこからでも、どの端末からでもアクセスできるよう開かれた環境になっている。クラウドサービスにさまざまなデータが集約されることで、クラウドサービスのデータ解析能力を活用することができ、その恩恵を受けられる一方、クラウドサービスへのアクセス権を攻撃者に奪取された場合には、集約されたデータが一斉に漏洩する可能性も秘めている。

第2に、取引先企業や業務提携をしている企業など、いわゆるサプライチェーンに対するサイバーリスクが問題視されるようになっている。自社は堅牢な対策を実施しているのに、サプライチェーンの企業が脆弱な場合、当該企業を狙ってサイバー攻撃を行えば、芋づる式にサイバー攻撃が成功する場合もある。サイバーセキュリティのレベルは、全体的なセキュリティを考慮して一番弱い箇所に基づいて判断されるため、脆弱な箇所が1か所でもあれば、当該箇所が全体のセキュリティレベルと見なされる。

そのため、サプライチェーン全体に対して目配せをしておかなければ、高いセキュリティレベルを維持しているとは言えない。しかし、サプライチェーン全体としてのセキュリティ対策の強化を求めるにあたり、取引先に対して、サイバーセキュリティ対策の強化を要請する場合には、独占禁止法上の優越的地位の濫用や下請法の規制に該当しないよう注意が必要である[7]。

また、サプライチェーンの問題は取引先企業だけではなく、自社が利用しているサービスや製品についても同様である。自社が利用しているサービスや製品に脆弱な箇所があれば、これを介してサイバー攻撃をされることになる。例を挙げると、メールアカウントやファイル送受信サービスのアカウントに対するハッキング、ネットワーク接続が可能なプリンターや無線LANルーターなどに対するサイバー攻撃があれば、これらのアカウントや機器を経由して自社内のネットワークに入り込むことが可能になるのである。

昨今ではネットワーク機器であるVPN（Virtual Private Network）装置に対する脆弱性が発見され、修正プログラムを適用していない企業に対してサイ

7　経済産業省、公正取引委員会「サプライチェーン全体のサイバーセキュリティ向上のための取引先とのパートナーシップの構築に向けて」（2022年10月28日）第3の2「取引先への対策の支援・要請についての考え方」参照。

バー攻撃がなされ、大量の重要な情報が盗まれた後に多数のファイルが暗号化され、犯行グループから「復号カギが欲しければ身代金を払え」、あるいは「盗まれたデータを公開されたくなければ身代金を支払え」などと脅されるランサムウェア攻撃の被害が多発していることはすでにご存じの通りである。

第3に、企業内において、営業活動やオンライン送金もデジタル化されるようになってきている。営業先からリアルタイムで在庫状況を確認できたり、社内のさまざまなデータにアクセスできたりする。また、データ化された電子契約によって契約の締結が可能になり、オンライン送金もネットバンキングで可能になっている。社内のデータには、営業秘密に該当する自社または取引先などの第三者のデータも含まれ得るため、営業端末が悪用され漏洩などした場合には、自社のみならず、第三者の営業秘密に該当するデータも漏洩することになる。また、銀行のシステムに対するサイバー攻撃が成功することは難しくても、そのユーザーである企業へのサイバー攻撃が成功するのであれば、不正送金が可能になる。

第4に、一時的な販売促進キャンペーンやアンケートを外部の事業者に業務委託をする場合がある。そのような業務委託先がサイバーリスクに備えた適切な対策を実施していなければ、当該事業者を起点に自社がサイバー攻撃の被害に遭う可能性も高まる。前述のサプライチェーンの一種とも考えられるが、一時的な業務委託であるため、事業者選定時にコストの高低だけに目を奪われ、それほどサイバーリスクへの対策ができているかを重視しない可能性もある。

また、TwitterやFacebookなどのSNSアカウントを用いた販売促進活動を業務委託した場合、当該アカウントが削除されずにそのまま放置され、外部の第三者に乗っ取られて悪用される事案も発生している。

第5に、従業員だけではなく、開発や保守のための常駐者、連携企業などに対して、自社のデータやシステムにアクセスする権限を与えることが増加している。常駐者や担当者の入れ替わりが頻繁であれば、その都度アクセス権限を変更するための手間が発生する。手間を省くため、必要以上に権限を与えてしまうケースもある。大手企業ですら不必要な権限を付与して内部犯行を誘発した事例もあり、サイバーリスクへの対策を厳重にすることで、管理の煩雑さが増えたことによる弊害とも言えるだろう。

第6に、近年、DX（デジタルトランスフォーメーション）[8]が盛んに叫ばれるようになったが、DXが発展すればデータ量が爆発的に増加する。そのため、このデータを活用するための高性能なシステムが要求され、システムやデータにアクセスするための安定的なネットワーク回線も必要になり、DXのためのシステムやネットワーク、膨大なデータも含めた運用・管理体制が重要になる。この運用・管理体制を確保するためには、データを活用するデータサイエンティスト、インフラとなるシステムの構築や運用を行うクラウドやネットワークのエンジニア、ビジネスとしてサービスを展開するためのコンサルタントなどの人材が必要になる。中でも不足しているのが、サイバーセキュリティ人材である。中途採用で確保することにも限界があるため、自社内でサイバーセキュリティ人材を育成することが必要になる。

多くの優秀な人材を確保できたとしても、DXなどさまざまなシステムに対してサイバー攻撃が発生した場合に、当該システムを停止させるかどうかの危機に陥ることがある。運用・管理体制の担当者に当該システムを停止させる権限を付与するのか、取締役等でなければ停止させられないようにしておくのかは非常に難しい問題である。運用・管理体制の担当者に停止権限を付与していた場合、迅速に停止させることができ、被害拡大の防止を図ることができる。

しかし、取締役等は自身が知らない間に停止させられることになり、例えば事後的に見れば停止する必要がなかったにもかかわらず、運用・管理体制の担当者が停止したことでビジネスの機会損失が生じたなど、この事態によって損害が発生した場合に誰が責任を持つのかという問題が生じる。他方、取締役等でなければシステムが停止できない体制の場合には、緊急の連絡体制が確立していなければ、迅速な判断による早期のシステム停止ができなくなり、被害が拡大するおそれもある。このような事態を想定し、事前に決めておくことも取締役等に求められることであろう。

8　DXは、「企業が外部エコシステム（顧客、市場）の劇的な変化に対応しつつ、内部エコシステム（組織、文化、従業員）の変革を牽引しながら、第3のプラットフォーム（クラウド、モビリティ、ビッグデータ/アナリティクス、ソーシャル技術）を利用して、新しい製品やサービス、新しいビジネスモデルを通して、ネットとリアルの両面での顧客エクスペリエンスの変革を図ることで価値を創出し、競争上の優位性を確立すること」を言う（「世界最先端デジタル国家創造宣言・官民データ活用推進基本計画」（令和2年7月17日閣議決定））。

取締役が取り組むべき内容

サイバーセキュリティの確保は、取締役が果たすべき責任である。前述したように子会社や関連会社、ビジネスパートナー、取引先などを含めたサプライチェーン全体を捉え、サイバーセキュリティの確保に取り組まなければならない。サイバー攻撃などのインシデント（事故または事故の恐れ）は企業を取り巻く環境変化へのリスクであり、リスクは許容範囲内に抑制する必要があり、想定したインシデントの範囲内を拡充して想定外をできる限りなくすことに努めるべきである。

また、インシデントに備えた体制を整備し、インシデント発生時の適切な対応を行い、迅速な復旧を図る必要もある。このリスクを許容範囲内にすることと、リスクが顕在化したインシデント発生時の迅速な復旧を図ることの両面からレジリエンス（強靭性）を確保し、企業活動に重大な影響を及ぼすことなく、ビジネスの安全かつ持続的な提供を確保したい。

次に、企業に関するステークホルダーに信頼してもらい、安心してもらう必要がある。そのためには、平時におけるサイバーセキュリティ対策への取り組み方針や実施体制、サイバーセキュリティのインシデントが発生したときの対応情報の開示など、ステークホルダーに対して企業の取り組みを開示する必要がある。さらに人材、機器整備、予算のいわゆる「ヒト、モノ、カネ」のリソースがなければ対策ができないため、重点を置くべき対象を考慮したリスクベースの考え方によって適切に配分することが求められる。

さまざまなシステムが高度化され、複雑化され、密接に連携しており、一部へのサイバー攻撃が全体への影響を及ぼしかねない状況になっている。このようなサイバー攻撃の脅威が高まっている現在においては、取締役、CISO (Chief Information Security Officer)、戦略マネジメント層、システム担当者などの全社的に取り組む必要があるとともに、他社との連携も必要になってきている。サイバー攻撃は攻撃者が分業し、連携してサイバー攻撃を仕掛けてきているのであるから、高度なサイバー攻撃が可能になっている。

これに対して、一企業だけで情報を収集し、体制を構築してすべて防御することが不可能であることは自明である。自組織では保有していない情報も他社が保有している可能性はあり、自組織ではどのような情報を保有していないか、どのような情報が不足しているかを知る機会も少ない。このような状況を打開するために他社との連携を図り、自助に加え、共助の意識でサイバーセキュリティを確保していくことが不可欠である。このような文化や慣習を醸成させ、多くの企業と連携を図ることは必須となってきており、日本シーサート協議会[9]や各種ISAC[10]への加入も取締役として率先して検討すべきである。

内部統制システム構築義務

取締役は内部統制システム構築義務を負っている。サイバーセキュリティの確保には、適切なリスク管理まで求められており、内部統制システム構築義務および運用義務になる。この義務には、適切なサイバーセキュリティを講じる義務も含まれ得る。しかし、具体的にいかなる体制を構築すべきかは一義的に定まるものではなく、各企業が営む事業の規模や特性などに応じて、その必要性、効果、実施のためのコストなどさまざまな事情を勘案の上、決定されることになる。

ただし取締役会において、基本方針を決定することでも当該義務を果たしたと言えるため、この基本方針を決定することが最低限求められる。そして、取締役会において決定したセキュリティ体制が、規模や業務内容に鑑みて適切でなかったために企業が保有する情報が漏洩、改ざんまたは滅失もしくは毀損されたことにより損害が生じた場合、体制の決定に関与した取締役は、任務懈怠に基づく責任を問われ得る。

さらに、セキュリティ体制が適切なものであったとしても、定められた通りに運用されておらず、取締役や監査役がこの実態を知り、または注意すれば知ることができたにもかかわらず、長期間放置した場合も任務懈怠に基づく責任を問われ得る。個人情報の漏洩などによって第三者が損害を被った場合、取締役や監査役に任務懈怠につき悪意・重過失があるときは、第三者に対しても損害賠償責任を負うことになる。

内部統制システム構築義務には、前述した守りの意味の消極的意義と、もう一つの視点として攻めの意味の積極的意義の両方が含まれていると考えられる。消極的意義とは、いわゆるコンプライアンスと呼ばれるものであり、法令遵守や内部不正の防止義務、外部からのサイバー攻撃への対応や体制づくりも

---

9 日本シーサート協議会、https://www.nca.gr.jp/

10 ISACは、「Information Sharing and Analysis Centerの略」であり、国内では金融ISACや交通ISAC、電力ISAC、自動車ISAC（Japan Automotive ISAC）などがある。

含まれる。
他方、積極的意義は、業務の有効性や効率性を確保し、ビジネスを展開していく意味が含まれる。これは、DX促進のための体制構築を検討するに当たり、内部統制システム構築および運用が適切に実施できていれば、両方の意義が合わせて働くと考えられる。
この両方を含めた内部統制システムを構築し、運用することにより、取引先や消費者などを含む多様なステークホルダーへの利益にもつながり、会社としての信用を確保し、取引先との良好な関係の構築にもつながる。そして、企業価値を支える社会的責任を果たすことにもなり、ブランドやレピュテーションの価値を向上することにもなる。
したがって、内部統制システムを適切に構築し運用していくことは、企業として健全な体制であるとともに、ステークホルダーに対して良好な関係を築くための礎であることをアピールすることもできる。

事前対策のない事後対応はあり得ない

事前対策のない状況下での適切な事後対応はあり得ない、と考えていただきたい。事前対策を何もせず、サイバー攻撃の被害が発生したことを想定してみよう。サイバー攻撃による被害を発見または認知した後、慌てて事後対応のための準備をすることになる。そして、このときにどのようなサイバー攻撃なのか、どのような被害が想定されるか、そもそも自社はどのようなシステムが構築されていたのか、どのようなセキュリティ体制だったのか、という情報収集や対応を始めることになる。
履歴などが残っているのか、どのような履歴なのか、それは統合して集約できるのか、といったことも必要になる。このような情報を収集し、対応体制を構築してからようやく事後対応が開始となる。当然のことではあるが事後対応の初動が遅れ、非常に短い期間に場当たり的な対応や場当たり的な止血対応にならざるを得ない。広報をするのかどうか、取引先や顧客への説明をどうするのかもその場で決定していくことになる。これでは、適切な対応を期待できないどころか、本来はあり得ない判断をしてしまうこともある。

他方、事前対策を実施しておくことで、スムーズに適切な対応を取ることができる場合がある。例えば、事後対応のための準備として日頃から情報収集を

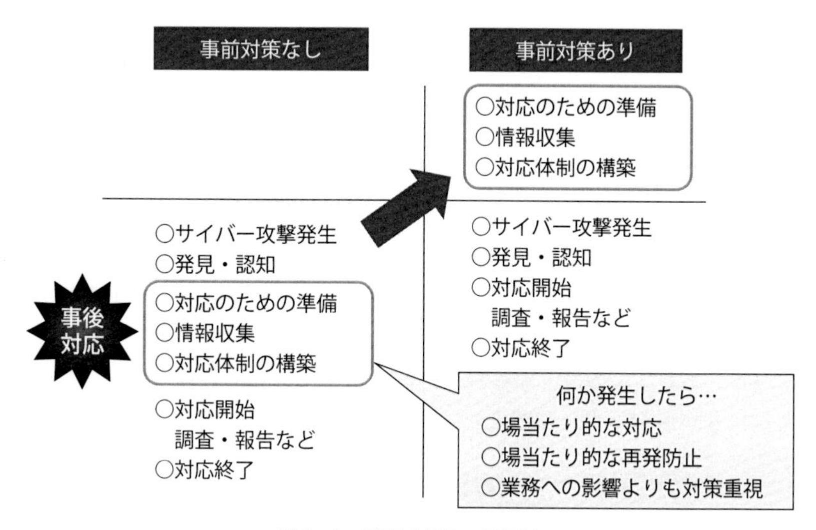

図1-1　事前対策の必要性

行い、対応体制も構築し、システム的な見直しや履歴情報の集約も実施しておく。対応マニュアルも策定し、どのような場合にはどのように対応するかを、担当者が理解して備えておく。

このような状況で、サイバー攻撃の被害を発見または認知した場合は、情報も集約でき、対応体制も整っているため、すぐに対応に取り掛かることが可能になる。このような事前対策を実施していたとしても想定外のことが発生し、慌てることもあり得るため、事前対策をまったくしていなければスムーズな対応は期待できるはずもない。

事前対策は、想定した事案への対応を冷静に判断できるときに準備しておくのである（**図1-1**）。

法的視点の考慮

前述のように事前対策は必要不可欠であるが、取締役として、この事前対策やセキュリティ対策（以下「セキュリティ対策等」と呼ぶ）の中に法的視点を入れておくべきである。セキュリティ対策等は内部統制システム構築義務の一環でもあるが、適切なセキュリティ対策等であることを担保するために、法的視点を考慮しておかなければ、取締役としての法的責任を果たしたとは言えない可能性もある。

例を挙げれば、ある重要な情報が保存された領域に外部のネットワーク越しにアクセスするために、認証としてパスワード、それも数桁の数字のみのパスワードで何度でも試行が可能なシステムであった場合、これではブルートフォース攻撃[11]により突破される可能性が高いため、適切な対策とは言えないことは明らかであろう。

昨今では、リスト型アカウントハッキング[12]による被害も多発しているが、攻撃者は遠隔操作される多数の機器を巧妙に使用して当該攻撃を試みるため、システム上、正規のアクセスか攻撃によるアクセスかが判別しにくく検知が困難な現状もある。このような攻撃に対しては認証システムの強化が喫緊の課題であるにもかかわらず、二要素認証や多要素認証[13]を知らない取締役もまだ存在する。

また、あるシステムと別のシステムではログがそれぞれ保存されているにもかかわらず、両者においてログの連携が取れていなかったために、内部不正や外部からのサイバー攻撃が発生した場合にログの紐づけができず、インシデントの原因や被害状況が不明になることが考えられる。さらに情報セキュリティ規程などでは、機密情報ファイルへのアクセスログはすべて保存することとなっているにもかかわらず、実際のアクセスログは膨大になり過ぎるため、一部のアクセスログしか保存されない設定になっていた場合、情報セキュリティ管理規程などとの齟齬がある上に、機密情報ファイルのコピー時のアクセスログが取得されていなければ、インシデントが発生した場合に外部へ流出したファイルが判明しないことも考えられる。

被害状況が判明しなければ、自衛手段を講じることもできず、他社の情報が含まれていた場合には他社へ通知することもできない。このような状況において、漏洩した情報を使用されて類似の新製品が競合他社から新たに公表される

---

11 ブルートフォース攻撃とは、同一IDに対してパスワードを変えながらログインを試行する攻撃を言う。

12 リスト型アカウントハッキング（リスト型攻撃）とは、何らかの手段により他者のIDやパスワードを入手した第三者が、これらのIDやパスワードをリストのように用いてさまざまなサイトにログインを試みることで、個人情報の閲覧などを行うサイバー攻撃を言う。

13 多要素認証とは、サービス利用時に行う利用者認証を、3つの要素（①知っているもの、②持っているもの、③本人自身に関するもの）のうち2つ以上の要素を用いて行うものを言う。2つの要素を使うものは「二要素認証」とも言う。

ような事態になれば、さらなる被害拡大が生じ、莫大な損害が生じることも想定される。

いずれの場合も、このような課題があることをシステム担当部門から取締役会議に議題として挙がっており、これを重大な課題であることを知りながら費用がかかるなどの理由からあえて放置していたような場合には、セキュリティ対策等の不備として取締役の善管注意義務違反を構成することにもなりかねない。

さらに、各組織には顧問弁護士を依頼しているところも多いが、顧問弁護士がサイバーセキュリティに長けた弁護士であるとは限らず、適切な助言ができないどころか、不適切な助言をして有害となってしまう可能性すらある。このような事態に陥らないよう、サイバーセキュリティの知見に長けた弁護士を探しておき、常日頃から法的視点を取り入れたセキュリティ対策等の構築をすべきであろう。

一つの有効な方策としては、会社の中に常設の情報セキュリティ委員会を設置し、当該委員会の構成員に外部の有識者としてセキュリティの専門家やリスクマネジメントの専門家と並んで、サイバーセキュリティに長けた弁護士を参画させることが考えられる。当該委員会を四半期または半期に一度開催し、会社全体あるいはグループ全体のセキュリティ対策等について、意見を交わす場として法的視点を踏まえた助言をしてもらう方策である。

当該委員会であれば、会社にとっても、また有識者にとってもそれほど過度な負担にはならず、有益でかつ多角的な視点を取り入れることができる。そして、実際にインシデントが発生した場合には、定期的に開催された委員会で得られた会社の体制や状況を踏まえ、会社全体に対する助言を実施してもらうことが可能になる。このような取り組みは大小の企業規模を問わず、ぜひとも実施していただきたい。

インシデントレスポンスにおける取締役の役割

インシデント発生後、取締役は緊急対策本部（名称は各企業において設定される）を立ち上げるかどうかを検討すべきである。各企業には、どのような場合に緊急対策本部や危機管理委員会などを立ち上げるかという基準が策定されているだろう。仮に、このような基準を策定していなければ、すぐに策定しておくべきである。インシデントが発生すればこの基準に従い判断することになるため、インシデントが発生する前に策定しておく。

対策本部などを立ち上げた後は、あらかじめ定めておいたコミュニケーションツールを活用して情報を集約し、正確な情報に基づいてさまざまな判断を行うことになる。被害状況、進捗状況などは刻一刻と変化するため、コミュニケーションを活発化して常に最新の情報を集約および共有しておく必要がある。集約した最新の正確な情報に基づき、本件インシデントを外部に公表するのか、重要度の高い取引先へは先に連絡するのか、顧客へはどのように対応するのかを判断していく。

特に重要度の高い取引先へ先に連絡したときに、それ以外の取引先がこの事情を認識した場合には、「なぜうちには連絡をよこさないのか」というクレームを受ける可能性もあり、取引を打ち切られるリスクもある。また、重要度の高い取引先に詳細な状況を連絡した場合、当該情報に基づいて、当該取引先から訴訟を提起される可能性も否定できない。このような事態を想定し、取締役はその時々に応じて適切な経営判断を行わなければならない。

そのためには、正確な情報が必要なのは当然であり、前述の緊急対策本部などの立ち上げを判断するために資する情報があるか、重要なシステムを停止する必要があるか、あるいは被害範囲や被害状況、被害額、被害経緯、被害の拡大防止、再発防止などをいつまでに、どこまで対応が可能かを状況に応じて適切に判断する必要もある。

サイバー攻撃の被害を受けたシステムがあれば、それ以外は安全であるということまで言えるか、またこれを対外的にアピール可能かどうかも必要になる。顧客や取引先などのステークホルダーが知りたいことは、現状は安全なのか、安全でなければいつまでに安全であると連絡してくれるのか、である。仮に、安全であることをアピールしたものの、実際には被害を受けたシステム以外もさらに被害が拡大していたことが判明すれば、企業に対する信頼が低下する。平時から安全であるとアピールするための基準を定めておき、インシデント発生時には情報を集約し、当該基準に基づいて判断していくことも有益であろう。

このような情報集約体制、判断基準を策定しておくことまで取締役には求められているのである。

Column

サイバーリスクマネジメントは終わりなき戦い

猫とねずみ。キツネと猟犬。シャーロックとモリアーティ。明智小五郎と怪人20面相—。この世のある種の人間関係は常に、そして永遠に終わりのない追跡を伴うことが運命づけられている。この「警官と強盗」の関係はこの現代、21世紀半ばの世界でも「ハッカーとデータ保持者」として続いている。

この「追跡」にはルールがない。あるいはルールは常に変化し、手段、方法、場も変化するという方が正確かもしれない。そして、絶対的な解決策もなければ特効薬もなく、この追跡に終わりはない。ただ我々は最善を尽くし、警戒を怠らず、「追跡」を続けるしかないのだ。

その意味で、21世紀のオンライン上の「追跡」も明確なルールがあり、「始まり」と「終わり」が設定され、「勝ち負け」がハッキリとしている「有限」、「Finite」のゲームではない。プレーヤーが存在する限り、継続する「無限」の、そして「果てしない」「Infinite」ゲームである。

「追跡」のターゲットは現代社会を可能にし、日常生活に不可欠な、生活そのものを可能とする果てしない「データ」である。「現代の黄金」とも呼ばれて、その創造、収集、分析、そして活用に勝る者・組織・国こそが、ゲームの「番狂わせ」を起こすのである。文明の根拠である「黄金」を懸けた「果てしない」キャット・アンド・マウスゲーム。それは間違いなく「名誉」「利益・国益」、および「生き残り」そのものをかけたゲームでもある。

では、企業、組織、政府、個人というデータ保有者は、この「追跡」の中でどのように、そして何をすればよいのだろうか？

その昔、ある人が私にこう言った。「迷ったら、何か、何でもいいから、少しずつ、できる範囲でやるべきだ」と。このとき、私は、アフリカの諺をふと思い出した。「象をどうやって食べるか？一度には一口ずつ」というものだ。

「始めなければ、始まらない」—。まずは、ここからではないだろうか。最初の一歩を踏み出し、そのときに見えるものから、また次の一歩を決める、その後は「Infinite」、つまり、生きている以上は終わりのない、ルールも変わり続けるような果てしない道のりが続くであろう。

（小島清顕）

3 海外法規制への対応

3-1 いつ起きてもおかしくないサイバー攻撃

これまで見てきたように、米国はサイバー攻撃の「激戦区」であり、サイバー攻撃は現代社会において、もはや回避することができない「Business Reality」になっていると言っても過言ではない。サイバー攻撃の問題は、SF作品のような「IF」(起きるかもしれない)の問題ではなく、まさしく現実問題としての「WHEN」(いつ起きてもおかしくない)の問題である。

このような現状を踏まえれば、「起きないようにどうするか」も重要だが、「起きてしまった場合にどうするか」について具体的な回答を各企業が用意しておく必要がある。そして、このような問題はサイバー空間に国境がないように世界全体にも共通する事態であって、日本にとっても対岸の火事ではない。

むしろ、日本はサイバー攻撃の格好の餌食となり、これから「激戦区」になるとさえ思えてくる。というのも、日本は依然として先進国であり、世界第3位の経済大国である。一方でサイバー攻撃に対する備えの意識が若干、他の先進国に比べて低いと思われるからである。

日本ではデフォルトの認識として、日常生活において悪いことは起きない、犯罪は起きないと理解されているように思われる。社会的には模範的な傾向であるが、これは先進国の中でも珍しい。欧米諸国では、鞄が放置されていたり財布に無防備であったりすると、盗難に遭うことは当たり前の世界であるが(もちろん、すべてのサイバー攻撃が日本以外の外国が発生地であるとは限らない)、日本は極めて安全であるゆえ、日常意識には他国と異なる部分があるように思われる。

サイバー攻撃やランサムウェアは、上記のような無防備な鞄、財布に対して行わることと同様の行為をオンライン上で繰り広げることであり、「現代の黄金」であるデータを対象とした略奪戦が、日常的に繰り広げられているのである。

3-2　サイバー攻撃対策の「勘所」

それでは、これから増加していくサイバー攻撃に対してどのように対策を講ずればよいのか。米国におけるサイバー攻撃対策の「勘所」が一つの指標になると思われる。

サイバー攻撃対策の勘所としては、次の3点を挙げることができる。それぞれについて、詳しく見ていく。

⑴サイバー攻撃を取り巻く法的リスクを経営陣が正しく把握すること（Awareness of Legal Risks by Board and Management）

まず、背景の理解と現状把握、それらに基づき今後について考えられることを予測し、洞察する能力が重要となってくる。この思考過程を経て、サイバー攻撃を取り巻く法的リスクを経営陣が正しく分析し、対処していくことが不可欠となってくる。

⑵企業における適切な防衛策を整備すること（Administrative & Technological Safeguards）

次に、企業における適切な事務的、そして技術上の防衛策を整備することが重要となる。

⑶有事対応のベストプラクティスを踏まえた上での平時の準備と心構えの重要性（Best Practices in Responding to Incidents & Recommended Procedures）

そして、有事対応のベストプラクティスを踏まえた上で、経営陣は平時の準備と心構えの重要性を体現できるように備えるべきである。

a）サイバー攻撃を取り巻く法的リスクを経営陣が正しく把握すること

昨今、「リスク」とよく騒がれる時代になってきたが、これをサイバー攻撃の文脈に引き直したときに、サイバーセキュリティが「リスク」になっているか、それが役員の責任まで至るようになっているかについて理解する必要がある。

リスクとは、「企業活動に通常内包される危機、危険」と言うことができる。あるいは、「事件性（Incident）」を認識できていない、または認識できていたとしても、それを回避するための措置を講じていなかったこと、とも言える。

サイバー攻撃を受けるという事実が通常化している今日では、サイバー攻撃はいつでも起こり得る事件性の一つであり、その認識は必須である。経営陣において、サイバー攻撃の事件性を認識できておらず、または認識できていたとしても回避措置を講じていなかった場合、リスクは明らかに存在する。裏を返せば、「サイバー攻撃について、知らなかった」では済まされない。サイバー攻撃は、「知り得るべきこと」「認識すべきこと」であり、これは企業の経営陣の責任範囲と考えるべきである。

さらに、知り得るべきことと認識すべきことの範囲は日々、変化していくものであり、その変化は範囲が狭まっていくというよりも広がっていく。サイバー攻撃が日常化・通常化する中では、知り得るべきことと認識すべきことの範囲は拡大する一途である。

そうすると、知り得るべきことと認識すべきことから導かれるリスクを前提に、企業の経営陣には想定される具体的なリスク防止のための施策を講じることが求められ、これを怠った場合には善管注意義務違反として、経営陣の責任が発生することになる。

すなわち、「知っていたけど何もやっていなかった」というのは、当然、善管注意義務違反であるし、知り得るべきことと認識すべきことを懈怠していたという観点からも善管注意義務違反が導かれるため、「知らなかった」ではもう済まされないところまできている。

それでは、どうしたらよいのか。経営陣の責任が発生する事例を具体的に考えていきたい。

まず、1つ目の事例として、個人向け介護サービスを展開するA社において、社内では複数の者が特定のPCを使用していた。PCを保管している部屋へは、従業員および関係者は誰でも出入り可能な状態であり、誰でも容易に機密情報にアクセスできるという危険、まさしく「リスク」が存在する状態であった。それにもかかわらず特段、物理的アクセスを制限する措置が取られないまま放置された状態であり、リスクの回避措置を懈怠している状態であった。

そしてある日、PCが盗難に遭うという事件が発生したものの、誰が持ち出したかわからないという事態に陥り、これによって顧客のプライバシーが侵害されてしまった。物理的なアクセスをコントロールするのは、オーナーシップ、所有権に伴う責任の一つであり、物理的アクセスを制限する措置を取るのは当たり前であるはずなのに、それがなされなかった事例である。

2つ目の事例としては、受託先の情報漏洩である。例えば、保険サービスを提供するＢ社は、第三者である外部業者に商品のポータルサイトの運営を任せていた。Ｂ社と当該外部業者との間の業務委託契約書には、サイバーセキュリティに関する義務についての明確な規定がなかった、という「リスク」が存在していた。そして、Ｂ社は契約の見直しを行っておらず、また保険加入も行わず、さらには当該外部業者から提供されていたサーバーの脆弱性などを確認していなかった、という回避措置の懈怠が生じている状態であった。そのような中でサーバーに第三者が侵入し、保存されている個人情報が漏洩してしまったという事例である。

それでは、いかにして、経営陣は責任を回避するのかを検討していきたい。

責任とは、（認識すべきであった「常識」）×（これに伴う「リスク」）である。したがって、サイバー攻撃が常識になっているならば、これに、サイバー攻撃を実際に受けるリスクを掛け合わせることで、「責任」というものを導き出すことができる。

b）リスク低減に向けてすべきこと

それでは、リスクを低減するためには何をすべきか、に着目することになる。企業の中では、リスク低減の主要な方法としては社内体制整備であり、それは主に3つの構成要素に分けることができる。

①事案発生防止を志向した危機管理の体制

②有事を想定した事前準備

③迅速かつ的確な有事対応

一見すると、これは当たり前のものと思えるかもしれない。しかし、実際に何かインシデントが起こったときに、例えば「誰に電話して、どこから始めていいか」を具体的に把握できているだろうか。いろいろな想定される事象に対して、シミュレーションや社内教育を行っているであろうか。

①危機管理の体制の構築のためには、次のような観点を念頭に置くことが肝要である。
(a)取締役が監督すべきトピックを定め、取締役の役割の明確化
(b)自社の状況を適切に把握するために取締役会、経営会議での議題化
(c)グループガバナンスとしての承認制度の採用といった関連法人間の調整

②有事を想定した事前準備
サイバー保険やその他の賠償責任保険に加入するなど金銭的な損害の回復の準備や、下記「(2)Administrative & Technological Safeguards（企業における適切な防衛策を整備すること)」にて詳述するような対応をとる必要がある。

③迅速かつ的確な有事対応
また、実際に有事が発生した場合には、事前準備したことを踏まえ、迅速、的確に対応していくことになり、これがリスクを最小化する最後の手段となる。こちらについても、下記「有事対応のベストプラクティスを踏まえた上での平時の準備と心構えの重要性」で後述する。

米国法人の責任と日本法人の責任

米国（海外）子会社を展開している日本の親会社にとっては、「米国（海外）子会社のリスク＝日本の親会社のリスク」となり得ることに注意を要する。例えば、日本の親会社が米国（海外）子会社との間で顧客情報を共有している場合であるとか、日本の親会社が米国（海外）子会社との間で共通のサーバーを使用している場合に、米国（海外）子会社を入口とした日本親会社サーバーへの侵入があったときなどが挙げられる。サイバー攻撃は、日本の親会社による米国（海外）子会社の管理責任が問われる場面としても、浮上してくるのである。

企業における適切な防衛策を整備すること

以上見てきたことを念頭に、実務上の防衛策を検討、整備することになる。

(a)人材教育

どんな複雑な、どんなハイレベルなシステム、プロセスを設定していても、最終的に運営するのは人である。「Proper Practice with Your People!」ということで、適切な人材教育が、まず重要になる。

第1に、現場担当者レベルでの人材教育である。定期的な講習を実施すること、日常的なトレーニングを行うこと、具体的にはEラーニングやセミナーなどの講習会への参加義務付けである。

第2に、役員、所管部門の上長など管理部門レベルでの人材教育である。有事対応の体制構築として対内的な指示や対外的な説明、報告の仕方を具体的なレベルにまで落とし込み、シミュレーションをすることになる。

第3に、外部専門家との連携を行うことである。各種プロフェッショナルで例えば法律専門家やIT専門家、PRの専門家との間で密に連携し、日頃から講習を行うなど、有事に迅速に相談できる関係性を構築することが欠かせない。

(b)内部規定の整備

法律、当局が公表するガイドラインなどを外部規定ということができるが、それだけでは不十分である。すなわち、Information Security Policyなどの内部規定の整備が必要となる。内部規定の内容としては、具体的に次のような規定を定めることが考えられる。

a. 従業員、担当者の一般的な責務
b. 適用対象となる情報などの確定
c. 具体的なセキュリティ対策の内容（取扱方法、禁止事項の設定）
d. 有事対応（情報漏洩などの発生時の対処手続など）
e. 社内教育その他一般的な事項

(c)契約条項の見直し

さらに、第三者と締結している契約について、その条項の見直しも不可欠となる。具体的には、第三者に提供している機密情報の安全が契約上、確保されているか否かについて確認を要する。また有事が発生した場合の、契約当事者間の責任分担が規定されているか否かについても、検討が必要となる。

(d)技術的な対策

加えて、技術的な対策も怠ってはならない。まず、自社のサイバーセキュリティの状況を正確に把握、評価する必要がある。自社のシステムに関して、サイバーセキュリティの専門業者に対してシステム上、脆弱な点がないかの確認を委託し、サイバーセキュリティの現状を十分に把握することが肝要である。

そして、システムの脆弱性を克服するだけではなく、人のエラーが減るような対策も採る必要がある。すなわち、システムのセーフガードを築いておくことである。具体的には、メール送信時の最終確認において、送信先、添付ファイルなどについて注意を促すシステムの構築、送金時において電話確認を必須とすること、端末へのログイン時におけるMulti Factor Authentication（多要素認証、MFA）を必須とすることなどの方策を検討していくことになる。

また、有事が発生したことも念頭に置いた対策として、サイバー保険、Errors & Omissions保険（E&O保険）、Directors & Officers保険（D&O保険）、Business Loss保険（利益保険）などを付保することも、議論の俎上に載せておきたい。

(e)米国のプライバシー保護規制

現時点では、米国にて連邦レベルでのプライバシー保護規制は存在しないが、各州のプライバシー保護規制、特に州法の中でも最も規制が厳しいとされるカリフォルニア州消費者プライバシー法（CCPA・CPRA）については注意を要する。

例えば、情報漏洩が、カリフォルニア州消費者プライバシー法（CCPA）に規定する情報管理義務等に違反する場合には、違反1件について消費者1人あたり$100以上$750以下の金額、または、実際の損害金額のうちいずれか大きい金額につき、消費者から民事訴訟を提起される恐れがあり、事案によっては莫大な賠償額になる恐れがある。

今後、連邦レベルでのプライバシー法制の整備や、カリフォルニア州に倣って各州がプライバシー保護規制を設けることも十分予想され、米国のプライバシー保護規制について最新の情報に触れておきたい。

有事対応のベストプラクティスを踏まえた上での平時の準備と心構えの重要性

⒜有事対応のポイント

有事のときこそ迅速、かつ適切な対応が必要となる。有事を意識した平時のトレーニング、内部規定整備の重要性を確認し、充実させることが肝要である。

有事対応のポイント①は、全ステークホルダー向けの迅速な対応である。

まず、ステークホルダーには、どのような立場の者が含まれるのかを検討する必要がある。第1に、顧客、取引先である。顧客、取引先には、その重要性に応じて個別対応、個別訪問、プレスリリースなどの各種の対応方法がある。

第2に、従業員が考えられる。従業員に対して、どのようなタイミングで、どのような方法（通知文書を発するか、説明会を開催するか、個別面談を行うか）で情報伝達するかをあらかじめ検証しておくことになる。第3に、一般社会であろう。サイバー攻撃後の不適切な対応や情報発信は、レピュテーション・リスク、風評被害にも関わってくるところであり、メディア対応をどのように行うかが企業価値にとって重要となる。

有事対応のポイント②としては、米国におけるディスカバリー制度に注意することになる。ディスカバリー制度とは、民事訴訟手続において、当事者に広範な証拠などの開示義務が課される米国特有の制度である。米国で民事訴訟になった場合には通常、原告の要請により、裁判所から当該案件に関連する証拠はすべて開示せよ、という勧告が発せられる。

ディスカバリー制度は、事実審理（トライアル）の前の証拠開示手続であり、訴訟当事者が、相手方または第三者から証拠を入手するためのものである。米国では、事実審理（トライアル）まで手続が進むことは稀であり、その前段階（プリ・トライアル）で「和解」するか、本案に入る前に裁判所の判断を得る「サマリー・ジャッジメント」によって終結することが大半となっている。

すなわち、事実審理（トライアル）の前に、勝負はほぼ決まってしまうと言っても過言ではない。したがって、ディスカバリーによりどれだけ有利、不利な証拠が開示されるかが、勝負を決める重要な要素である。

このようなディスカバリー制度は、日本の民事訴訟制度にはないプロセスであり、留意すべきと言える。

(b)有事発生時の社内外の対応事項

まず、対内的なコミュニケーションの留意事項である。事前に構築された手順をもとに社内での適切な指示を出して、淡々と物事を運ぶ必要があろう。その際には、報告文書のテンプレートなどをあらかじめ用意できていれば非常に役に立つ。また、内部告発などがあった場合には対応に十分注意を払う必要がある。具体的には、内部告発者（Whistleblower）への対応として、告発を理由とした不利益取扱いをしてはならず、告発者の匿名性も確保することを推奨する。

対外的なコミュニケーションとしては、プレスリリースの方法をあらかじめイメージしておくことが肝要である。具体的には、事件（Incident）の発生、発覚の経緯の説明、被害状況の確認、対応（治癒）状況の報告が主要な伝達内容となる。なお、未確定な情報の提供は極力避けるようにし、レピュテーション・リスクの適切なコントロールを図ることになる。

(c)ディスカバリー制度と証拠保全の重要性

前述のように、ディスカバリー制度の下では、紛争当事者は証拠開示（ディスカバリー）を前提に、裁判所からの勧告に基づいた証拠開示義務を負う。紛争当事者は、訴訟が開始された時点、またはそれ以前の紛争が始まった時点で存在する証拠をそのままの形で残す義務がある。また、提訴以前であっても「合理的に訴訟を予測できる」（Reasonably Foreseeable）の時点で、訴訟ホールドが発生すると考えられており、自社がまだ訴訟に巻き込まれていないからといって証拠保全義務がない、と判断するのは誤りとなる。

証拠保全義務に違反した場合のペナルティとしては、帰責性の大きさや相手方への影響に応じて、次のような不利益を受ける恐れがあり、いずれも裁判所には広い裁量がある。

a. 追加のディスカバリー（証拠開示命令）が裁判所よりなされる
b. 本来的には相手方が負担すべき費用を転嫁される
c. 不利な事実が推認される
d. 自社が請求した証拠が排除される
e. 欠席判決となる

f. 原告の場合、訴え却下となる
g. 特別な陪審説示（自社に不利な事実を推定することの許容など）

ペナルティを避けるためには、早期に適切な証拠保全を行うこと、また証拠保全を試みていたというエビデンスが必要になってくる。紛争の発生が想定される事象が起きた場合、速やかに弁護士と連携し、弁護士から依頼者である企業への証拠保全に関するサポートを得る。また、Litigation Hold Letter（文書保全通知）を社内で行ったというエビデンスを確保する必要もある。

さらに、ディスカバリーの例外となるポイントであるが、Attorney-Client Privilege（弁護士クライアント間の秘匿特権）、つまり弁護士とクライアント間のコミュニケーションというのは、基本的にはディスカバリーでも開示しなくてよいとされている。ディスカバリー制度では広範な文書、資料（メールを含む）が開示対象となるところを、秘匿特権の対象となる文書、資料に関しては開示義務を免れることができる。

秘匿特権の活用例としてはサイバー攻撃があり、情報漏洩などあった場合は早期に弁護士に連絡し、弁護士を起用することで秘匿特権が適用され、これに関する情報はディスカバリーを通して開示を要求された場合、そのような要求に応じなくてもよいという議論を展開可能となる。これにより、ディスカバリーが始まったときに備えて、有利なポジションを築いておくことが重要と思われる。

また、ディスカバリーを通して社内情報の開示に応じることを避けるため、事前の準備として秘匿特権が有効な手段であることを、役員や担当者に強く認識させることは必須である。さらに、米国訴訟実務の経験が豊富な弁護士にあらかじめ相談の上、特に社内訓練や監査に関する電子メールや文書のワークフローや、文面自体の冒頭などに記載すべき秘匿特権の定型文については、文言を確定しておくべきである。

なお余談ではあるが、秘匿特権が有効になるためには、弁護士報酬の支払原資がIT部門からではなく、法務部門からでないと効力を発揮しないという言説が一部見られる。しかし、弁護士報酬の支払原資がどの部門であるかは関係なく、また、そもそも弁護士報酬が発生していない場合でも、秘匿特権は効力を有する可能性があるというのが一般的な考え方である。

第1章のまとめ

◇サイバーリスクは、よりビジネスに直結するリスクとして捉えるべきである。
◇サイバーセキュリティは、攻撃を防止したりデータを保護したりすることが最優先されがちだが、情報システムや情報ネットワークも含めて保護すべきである。
◇サプライチェーンに対するサイバーリスクが問題視されるようになっており、サプライチェーン全体に目配せをしておかなければならない。
◇サイバーリスクには、外部からの攻撃以外にも、従業員など内部者からの情報漏洩が含まれる。
◇サイバー攻撃について、「知らなかった」では済まされない。サイバー攻撃は、「知り得るべきこと」「認識すべきこと」であり、これは企業の経営陣の責任範囲と考えるべきである。
◇古いソフトウェアの使用や固定化されたパスワードの継続使用、リモートアクセスで認証が一段階しか存在しないという事象はリスクが高く、優先的に見直す必要がある。

第2章

サイバーリスクを“見える化”するヘルスチェック

1 サイバーリスクを軽減するための投資と予算配分

1-1 自社が置かれている状況の把握

サイバーリスクが自社の存続に関わる経営リスクだと認識した後、経営者や取締役会が取り組むべきなのは、自社が置かれている状況の把握である。

かつて「サイバーリスクとは個人情報漏洩」と矮小化された認識があったが、それはすでに過去のものになった。「うちには狙われるデジタル情報なんかないよ」と考えていた経営者も、製造ラインがダウンしたり、受発注システムが止められたりした事例を見れば、「企業は事業継続が必須。企業体を存続するためにも、社会的責任としても」との認識を新たにすることだろう。

多くの企業では、経営リスクに関して、その発生確率や影響度（損失額）を想定したMAPに類したものを持っているはずだ。従来の「自然災害・事故」や「人材の確保・育成」などと並べて「サイバーリスク」を位置づけ[14]、これをより発生確率を抑えたり影響度を軽減したりする施策を実施すべきである。

1-2 サイバーセキュリティ費用は必要な投資

次にどのような施策を採るべきか、その予算額の面から検討してみる。かつてはサイバーセキュリティの費用に関して、財務部門の理解が得られないことが非常に多かった。CISO（Chief Information Security Officer）が予算案をとりまとめて財務部門に行くと、

「もしサイバー攻撃がなかったら、これは無駄金になるのだな」

と問われたとか、

「この費用はどうやって回収するつもりだ？」

と無理を言われたりしたという話もあった。これは、サイバーセキュリティ費

14 https://www.j-cic.com/pdf/report/KPI-Report-JA.pdf

用を必要な投資と考えず、カットすべき損金と財務部門が見ていたのが理由である。初期の予算確保にとどまらず、年々サイバーリスクは増して予算も増額すべきなのだが、コストと財務部門が認識すると毎年5〜10%のカットを求められかねない。

そこで、いくつかの議論と研究があり、サイバーセキュリティ費用の適正な予算を獲得するための提案が成されている。一つには、投資か損金かの議論である。税制上はもちろん損金なのだが、経営のスタンスとして、

「デジタリゼーション（いわゆるDigital Transformation：DX）で事業を発展させる。つまり儲けるために、サイバーセキュリティ費用は必要だ」

とする考え方がある。政府も、サイバーセキュリティを投資と考えるように企業経営者に発信している。もう一つは、損失額を減らすための費用として具体的な損失額を算出する方法である。この問題を研究しているシンクタンク（一社）日本サイバーセキュリティ・イノベーション委員会（JCIC）では、「損失額を減らすためのサイバーセキュリティのKPIモデル」という論考[14]を2019年に公表している。その要旨としては、自社の取り組み段階（成熟度）に応じたKPI（重要業績評価指標）モデルを選択し、目標設定やパフォーマンス評価に活用することである。ここでは、

1. 成熟度初期段階―体制や仕組みの整備の段階
2. 改善段階―あるべき姿に向けた見直しの段階
3. 最適化段階―持続的成長の仕組み作りの段階

に分けた、それぞれの段階でのKPIモデルを示している（**図2-1**）。

次に具体的に年商1,000億円の事業者の例を挙げて、4種類のリスクに対する現状の最大損失額と、①本人特定の難化、②事故対応の迅速化という2種類のKPI達成によって、改善された最大損失額を比較している。

オンライン会員を増すことによって売上を20%増すという戦略目標を挙げて、その実践にあたるリスクを以下のように算出したものだ（**図2-2**）。

この例では、

1. 情報盗難による金銭的被害　80億円　⇒　40億円
2. ビジネス停止による機会損失　20億円　⇒　16億円
3. 法令違反における制裁金リスク　40億円（改善なし）
4. 事故対応費用　1億円　⇒　0.6億円

成熟度：初期段階 体制や仕組みの整備段階	成熟度：改善段階 あるべき姿に向けた見直し段階	成熟度：最適化段階 持続的成長の仕組み作り段階	
		○迅速にインシデント情報を入手するための業界内体制構築 ○業界ガイドラインの策定	業界内の情報共有・連携
	○自社のベンチマーク評価、アセスメント結果 ○外部委託先監査進捗率	○子会社や海外現地法人のアセスメント結果 ○M&A、提携先の評価回数	評価・アセスメント
○事故対応手順の策定 ○情報資産棚卸進捗率	○部門人員数、有資格者数 ○事故対応手順の全社展開進捗率 ○標準システムポリシー準拠率	○インシデント発見から封じ込め完了までの平均時間・工数 ○脆弱性対応の平均時間・工数	組織・プロセス
○セキュリティ教育受講率 ○標的型メール訓練回数	○標的型メール訓練の再テスト開封率、再教育受講率 ○サイバー演習実施回数	○経営層向けサイバー演習実施回数	教育・トレーニング
○法規制やガイドラインの準拠率 ○監督官庁の指摘事項対応完了率	○個人情報などの匿名化や非保持化の進捗率	－	法令順守

← 自社のサイバーセキュリティの取り組み段階 →

図2-1　サイバーセキュリティのKPIモデル

となり、数値化することで経営層や取締役会に、具体的なリスクを認識してもらうことができる（**図2-3**）。

もちろんこのようなモデルについては、各社あるいは各事業部門によって差が大きい。個別に積み上げる前に、大枠でどのような予算を確保すればよいかとの質問が多くの企業から寄せられた。これに対してJCICでは、2022年に「社内のセキュリティリソースは0.5%以上を確保せよ～DX with Securityを実現するためのサイバーリスク数値化モデル～」とのレポートを公表している[15]。

要旨としては、DXに積極的に取り組んでいる先進的な企業なら、全売上高と全従業員の0.5%はサイバーセキュリティ費用に充てたり、専門要員を雇用

15　https://www.j-cic.com/pdf/report/Security-Resources-Report.pdf

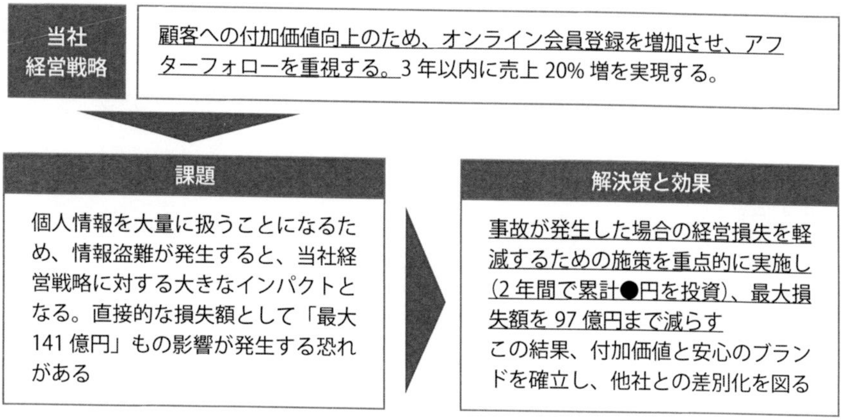

当社
経営戦略
顧客への付加価値向上のため、オンライン会員登録を増加させ、アフターフォローを重視する。3年以内に売上20%増を実現する。
課題
個人情報を大量に扱うことになるため、情報盗難が発生すると、当社経営戦略に対する大きなインパクトとなる。直接的な損失額として「最大141億円」もの影響が発生する恐れがある
解決策と効果
事故が発生した場合の経営損失を軽減するための施策を重点的に実施し（2年間で累計●円を投資）、最大損失額を97億円まで減らす
この結果、付加価値と安心のブランドを確立し、他社との差別化を図る

図2-2　売上増に伴うリスク算出

経営に関わるリスク
最大損失額
（現在）
最大損失額
（今後）
①情報盗難による
金銭的被害
▲80億円
個人情報の本人特定難易度の
向上により、損失額を低減
▲40億円
②ビジネス停止による
機会損失
▲20億円
事故対応の迅速化により、
想定業務影響時間を削減
▲16億円
③法令違反による
制裁金リスク
▲40億円
▲40億円
④事故対応費用
▲1億円
事故対応ができる部員数の
増加によるコスト削減
▲0.6億円
想定被害額合計
▲141億円
▲97億円

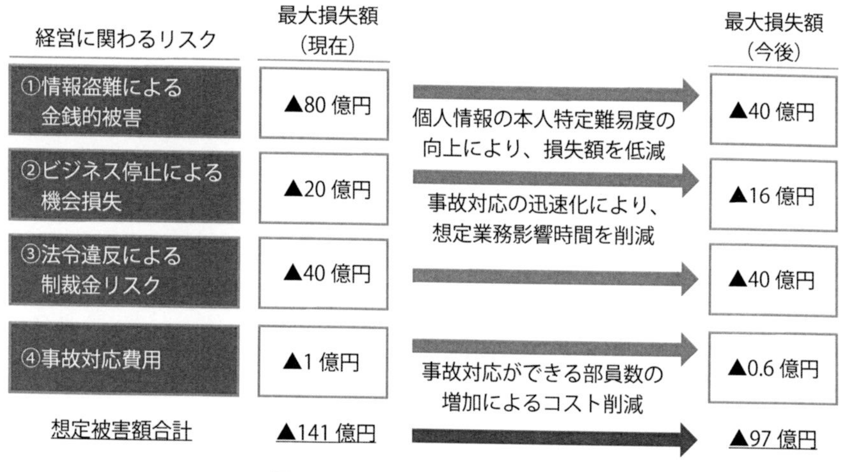

図2-3　リスクの具体数値化例

したりすべきだということである。ちなみにDXについては、「IT導入やペーパーレスなどは手段に過ぎず、DXの本質はデジタルデータ活用による事業構造改革」とJCICでは捉えている。

「DX with Security」を推進している企業に対して、JCICでは以下のアプローチを推奨している。まず、サイバーリスク数値化モデルを用いてリスクを可視化すること。続いてDX with Security戦略を策定し、その中では、

○ストーリーとして戦略を語るためのフレームワークを活用

○セキュリティ投資額は連結売上高の0.5%以上

○セキュリティ人材は全従業員数の0.5%以上

を推奨した。これらも状況に応じて不変ではないので、セキュリティKPIを設定して定期的にモニタリングすることを薦めている。

1-3 リスクの可視化とDX with Security

これまで、サイバーリスクを“見える化“する方法や、大枠としてのセキュリティリソース確保の目安について述べてきた。次はリスクを知りながら、これを“見切る”ことを考えたい。「企業や組織のセキュリティ性を高めることなら何でもする」というのでは、マネジメントとは言えない。セキュリティマネジメントの基本は“Vital Part Defense”にある。

事業継続に深刻な影響を与えるか、損失額が大きくなるような部分を重点的に守ることだ。参考となるマネジメントの例を1つ挙げよう。

米国連邦政府の情報管理について紹介する。DXはデジタルデータ活用と述べたように、一番重要なのはデータの管理である。デジタル以前から米国連邦政府では、国家安全保障に関わる情報を4階層に分けて管理している。

1. Top Secret（機密）漏れたことで致命的なダメージを受ける情報
2. Secret（極秘）漏れたことで重大なダメージを受ける情報
3. Confidential（秘）漏れたことでダメージを受ける情報
4. Controlled Unclassified Information　アクセス制限のある情報

1〜3が秘密扱いの情報である。これらの情報に対してアクセスできる人はIDを持ち、適合性（Suitability）と適任性（Eligibility）があることが要件になる。機密性の高い情報にアクセスするには、より高いハードルを越えなくてはいけないわけだ。

なぜ、こんな面倒なことをするかと言うと、機密情報こそ使わないといけないからだ。知るべき（Need to Know）人にタイムリーに届いて、使ってもらわないと価値がない。しかし、知るべきではない人たちに渡ると、上記のように国家安全保障に支障があるから漏洩防止に努めるわけである。

企業内のサイバーリスクマネジメントとして、従業員全員の運動として取り組むことは重要である。不審なメールや添付ファイルを開かない、異変があればすぐに関係部門に通報する、むやみに消去するなどして証拠を失わないなどの教育・訓練は、経営層も含む全従業員に行うべきだ。また、IT部門としては基本ソフトウェアやウイルス対策ソフトなどが最新バージョンになっているか、必要なログは取られているか、見えないITデバイスはないかなどのチェックを日々続ける必要がある。

しかし全従業員、全部署、事業所等一律の管理を、チェックシートなどを使って行う「リスト管理」に頼ることには大きな問題が残る。やるべきことは「リスク管理」で、被害を受けたり復旧が遅れたりした場合、お客様に迷惑をかけたり社会不安を招いたりして、企業の信用を失墜するようなリスクに対しては相応の対応が求められる。

1-4 有効なシナリオ型シミュレーション

企業のセキュリティ成熟度が初期段階だったとしても、企業の存続を危うくする最悪のケースを想定して、シナリオ型のシミュレーションをするのが良いだろう。今世紀初めに米国で牛海綿状脳症（BSE）が流行して、牛肉の輸入ができなくなった。その際ある牛丼チェーンのCEOが「想定していたうちで、最悪の事態が起きた」とTVニュースで語った。それを見て「この経営者は最悪のケースを平時から考えていたのだな」と感心した。

最悪まで含めて多くのリスクを検討すれば、特段の準備をしなくても対処できるリスクもあることがわかる。これらについては「見切り」として当面考慮せず、本当に対処すべきことを絞り込んでいくことができる。その結果、“Vital Part Defense”が実現する。

上記のようなシナリオ型のシミュレーションを行うことによって、

1. シナリオを考えること自体が重要な訓練
2. 攻撃者の視点に立ってみることで得られるヒントがある
3. シナリオを増やすことで見逃していたリスクも見えてくる
4. これらを通じて「最悪のケース」を見出せる

と考えられる。

Column

Vital Part Defenseの事例「戦艦大和」

第2次世界大戦中で世界最大の軍艦と言えば、日本海軍の「大和級戦艦」である。排水量は7万トンにもなり、46cm主砲9門を備えていた。当時の戦艦の存在意義は、敵の戦艦と撃ち合って戦場に残ること。戦艦を沈めるか、追い払えるのは戦艦だけと思われた時代の設計である。その攻撃力は主砲の威力、命中精度、発射速度などで計れるが、防御力は装甲の厚さが中心。加えて機動性もなくてはならない。

敵戦艦と決戦距離で撃ち合って、主砲弾の直撃に耐えられるのが装甲に求められる要件だが、艦首から艦尾まですべてを分厚い装甲で覆うわけにはいかない。それだと重量が増大し、動けなくなってしまう。そこで、本当に重要な部分だけを重装甲で覆うことにした。これが“Vital Part Defense”の設計思想だ。

主砲が撃てる状態で移動できることが必要なため、主砲、弾薬庫、機関部を重装甲とし、その他は軽量化を図ったのが「大和級」の設計だった。その結果、仕様の割には比較的コンパクトな形状に収まっている。甲板は木製、艦橋の装甲はないに等しく、副砲は軽巡洋艦並みの装甲しかなかった。

（梶浦敏範）

2 脆弱性分析とリスクマッピング

2-1 原則5およびNACD原則をもとに

原則5の内容について概略のおさらいをしたい。失っても、あるいは侵害を受けても構わないデータ、システム、事業報告内容を把握することがまず求められる。さらには、サイバーリスクを軽減するための基本的な防御と高度な防御への投資配分、特定のサイバーリスクの軽減やリスク移転に役立つ利用可能なオプション、そしてリスク許容範囲の定義付けが必要である。

サイバーリスクはITやOT（Operational Technology）の現場担当者や責任者だけでコントロールすることは難しく、経営視点からのプロセスの管理や、最大のセキュリティホールと言われている社員の教育や啓発活動も重要である。取締役ハンドブックはNACD（全米取締役協会）が提唱する取締役会で議論すべき五つの原則を基盤に作成されているが、この原則の5番目に提示されている内容を振り返りながら、リスク回避、許容、緩和、転嫁（保険の活用など）、保有するかを判断するための具体策について解説する（図2-4）。

2-2 サイバーリスクマネジメントの取り組みと米国事例からの学び

サイバーリスクマネジメントに、どのように取り組めばよいのだろうか。サイバーリスクマネジメントは、まさにArt of Science（技術やサイエンスをベースに実践を伴う知恵の集合体）と言えるだろう。もちろん基本であるTechnology、Process、Peopleの3要素にもあるように、外部のITリスクマネジメントの専門家を活用することが前提ではあるものの、取締役もある程度のITリテラシーは今や必須である。同時にサイバーリスクマネジメントをいかに組織の文化にし、あるべき社員の行動様式に落とし込み、さらには、すべての社員が自分事として捉えられるようにできるかが取締役の役割として最も重要である。

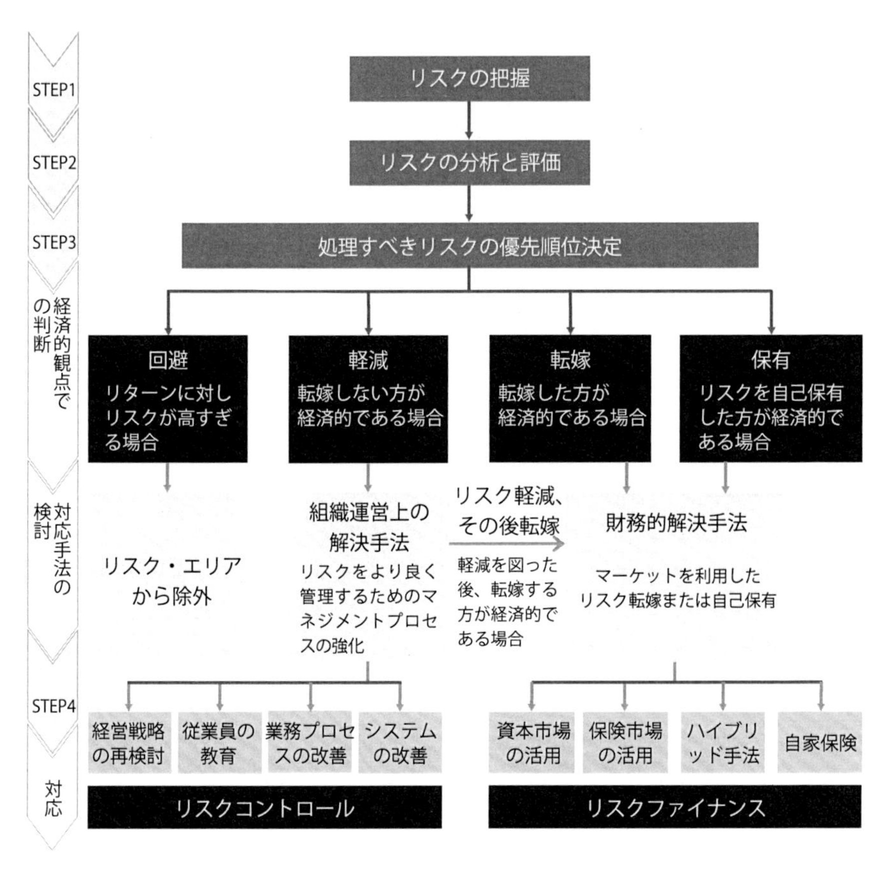

図2-4　リスクマネジメントのプロセス

米国においてはY2K、すなわち2000年問題からサイバーリスクが具現化され始め、投資家保護の観点からも2015年にサイバーセキュリティアクトが施行された。特にニューヨーク証券取引所の上場企業においては、取締役の中からサイバーセキュリティの担当責任者を任命し、明示することが義務づけられている。また、それを明示できない場合には、代替案を提示することが求められている。

組織のESG報告書においても、サイバーリスクマネジメントへの具体的な取り組みの記載は必須となっている。昨今ではニューヨーク証券取引所以外の市場に上場する企業や、その他の非営利法人にも同様の措置が求められている。そして、ニューヨーク証券取引所に上場する企業の８割が、ほぼ毎回の取締役会でサイバーセキュリティに関する議論が行われている。この背景には投資家保護に加え、サイバーセキュリティは単なるコストではなく投資であるという認識から、その投資効率の検証が行われるのは必然と言える。日本でも、個人情報保護法の改定や取引先からのセキュリティ状態の改善要求などにより、定期的な議論が求められていくだろう。

ところで、サイバーセキュリティはなぜ投資なのか、ということについてたびたび質問を受ける。営業やマーケティングのような利益を生み出すプロフィットセンターとは違い、「利益を生み出さないサイバーセキュリティはコスト」とかつては考えられていた。しかし、米国ではESG（環境、社会、ガバナンス）におけるサイバーセキュリティやプライバシー保護の重要性がさらに高まっている。

そのため、環境問題や人権問題に配慮したESG経営を行っていても、サイバーセキュリティが不十分と認められた場合、格付け機関からの評価が低迷するリスクがある。それに加え、DXを推進するためにもサイバーリスクマネジメントは車の両輪とも言われたため「サイバーセキュリティはコストではなく投資」との理解が進み、デジタル化するビジネスにおいて今や「信頼構築」、さらには「収益向上」につながると認識されている。

一方、多くの米国の企業では、2020年以降もインシデントをゼロにできない現実がある。もちろん、長年の努力と投資の成果として従業員教育やセキュリティ投資の効果により、短時間での事業中断の復旧や投資家などへの的確なコミュニケーションが功を奏し、レピュテーションの低下や財務的損失を最小化する成功事例が多く見受けられるようになった。したがって、米国の企業では最悪の事態の想定をしっかりと見据え、インシデント発生時の速やかな初動対応、外部ステークホルダーとの的確なコミュニケーションを可能にさせるレディネス、すなわちインシデントレスポンス（インシデントへの適切な対応）へ、より軸足を置くようになってきている。

日本でも、今やブラックスワンからブラックエレファントと言われるように、サイバーインシデントは経営者にとって最も厄介なリスクとして位置づけられている。その背景として、米国においては日頃からサイバーリスクへの善管注意義務を果たせない場合や隠蔽によって組織に大規模な損害が発生したケースにおいて、当然ながら株主代表訴訟で経営者が経営責任を問われることになる。

日本においても、たとえシステム障害という位置付けであったとしても、経営に甚大な影響をもたらすサイバーインシデントに相当するケースもある。こうした場合、経営者が引責辞任をすることも多く、事例は増加傾向にある。

2-3 まず取り組むべきリスクの見える化（リスクマッピング）

具体的な手法について解説したい。サイバーリスクマネジメントを実行するにあたり、具体的な数値を用い、明確なイメージを持つことが重要であり、まず、リスクの見える化（リスクマッピング）に着手されたい。今や経団連に加盟している企業のみならず、自社のリスクマッピングを持つ企業は一定数存在するだろう。既存のリスクマップを活用することから始めるとよいだろう。

一方、リスクマッピングを持たない組織では、これをきっかけにサイバーリスクの見える化に着手すればよい。リスクマッピングの作成にあたっては経営陣の参加が必須であり、自分事として捉え、自らが判断を下していかなければならない事項の一つとして念押しするのに良い機会になるだろう。加えて、把握したサイバーリスクを適切なセキュリティ投資や社員教育、そして初動対応への準備を組み合わせ、発生頻度の低下と財務損失による影響を低減させるための手立てを練り、抜かりない準備を施すことがとても重要である。**図2-5**に見る発生確率と財務的損失を、左下の象限に引き下げていく努力が求められる。

次に、リスクマッピングに落とし込む手順について解説する。まずは発生確率（Probability）を考える上で必要なのは、自分の組織の脆弱性をある程度可視化することである。例えば、国内外において浸透ししつつある外部脆弱性診断ツールのBitSightやSecurity Score Cardなどを活用し、同一業界内における自社の立ち位置の比較や、ホワイトハッカーによって侵入経路となり得るような脆弱性を具体的に確認できる（**図2-6**）。

もちろん現在、起用しているITベンダーを活用し、ペネトレーションテストなどを行う選択肢もある。一方、その際の留意点として、保守・運用・監視などの委託先は実施結果が利益相反となることを恐れ、望ましい結果につながらないケースについては注意が必要である。あるいは、世界的に実績のある保

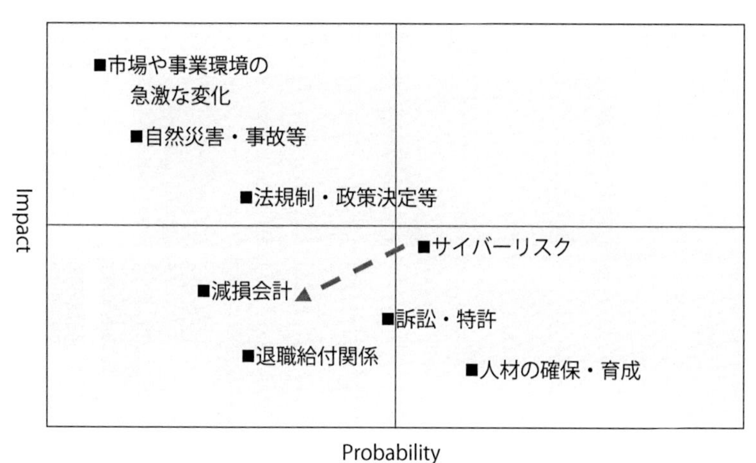

出典：JCIC Report

図２-５　発生確率と財務的損失

BitSight によるスコア事例　　　パッチ状況事例

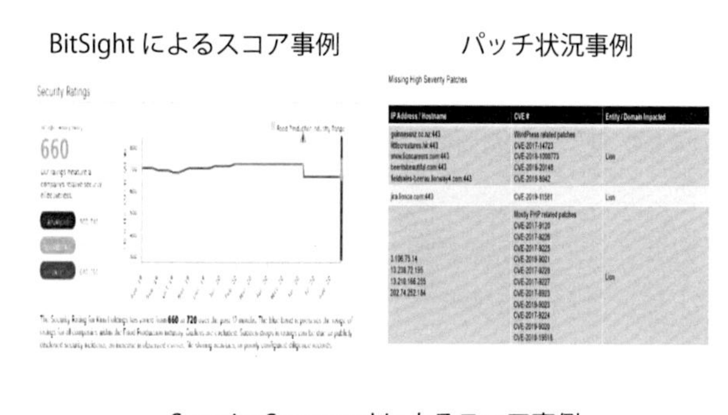

Security Scorecard によるスコア事例

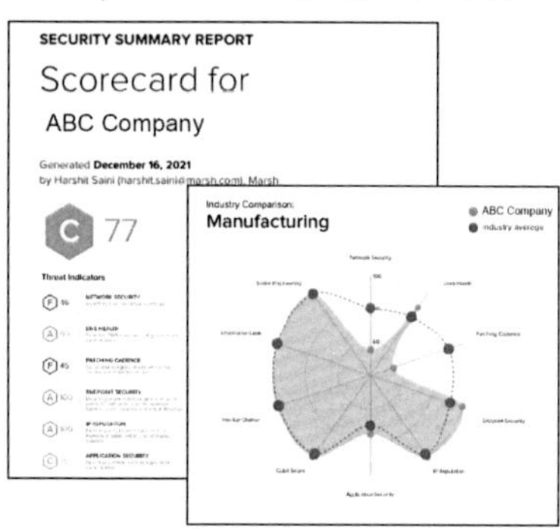

図２-６　技術的な脆弱性診断から発生確率を判断する（マッピングの横軸）

最悪のシナリオの可能性と最大予想損失を見える化（マッピングの縦軸）

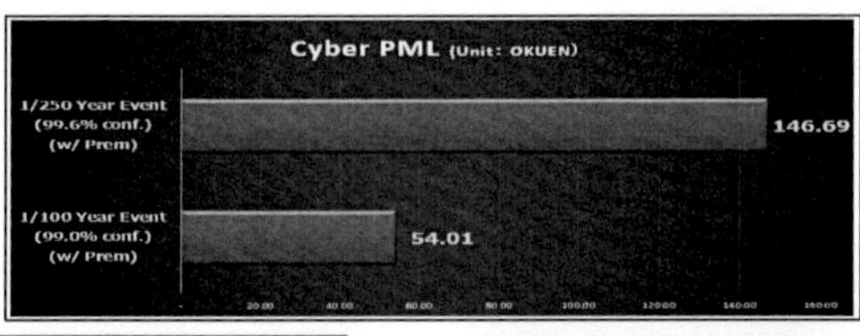

SELECTED MODEL OUTPUTS (Unit : OKUEN)			
Cyber Events サイバー事象	Frequency 発生確率	99.0% Conf Level 1-in-100 Year Loss 再現期間 100年	99.6% Conf Level 1-in-250 Year Loss 再現期間 250年
Data Breach 情報漏えい	9.4%	4.02	8.88
Network Interruption 事業中断	5.6%	48.81	142.11
Extortion 恐喝	1.6%	0.05	0.19
Data Asset Loss データ改ざん・消失	4.2%	3.81	9.35
PCI Loss (Fine & Penalties) PCI 損害	N/A	0	0

		Frequency 発生頻度 (%)			Severity 深刻度 (OKUEN) 99.6% Conf Level 1-in-250 Year Loss 再現期間 250年		
RISK / リスク		Low	Mid	High	Low	Mid	High
1	Data Breach 情報漏えい			9.4		8.88	
2	Network Interruption 事業中断		5.6				142.11
3	Extortion 恐喝	1.6			0.19		
4	Data Asset Loss データ改ざん・消失	4.2				9.35	
5	PCI Loss (Fine & Penalties) PCI 損害	N/A			N/A		

図2-7　コスト脆弱性分析（CVA）

険会社や保険仲介会社を通じ、サイバー保険の見積りを取得する際に、過去の保険金支払実績に基づく脆弱性に関するセカンドオピニオンを取得し、改善点の優先順位を検討することも選択肢の一つだろう。

続いて、マッピングの縦軸への落とし込みである。すなわち最悪のシナリオにおいて、具体的にどの程度の財務的損失（Impact）を見込むかを定量化するものである。**図2-7**に、マーシュが長年提供しているCVA（Cost Volatility Analysis）のサンプルを示す。いわゆるモンテカルロシミュレーションによる計量モデルをベースに、あらゆる事故情報や企業の財務情報、さらにはシンクタンクが持つインシデントに関連する財務損失情報などを活用する。それらに加えて、マーシュが保有する世界各国の膨大な事故データに基づいた分析を行っている。

もちろん、前述の脆弱性分析ツールにもあるように、マーシュ以外の計量モデルも含めて検討し、その組織にとって納得できるツールを選ぶことが重要である。最大予想損害額の算出は、サイバーリスクマネジメントへの投資額やベーシスリスク（残余リスク）に対して、保険を活用しリスク移転する際に必要である。

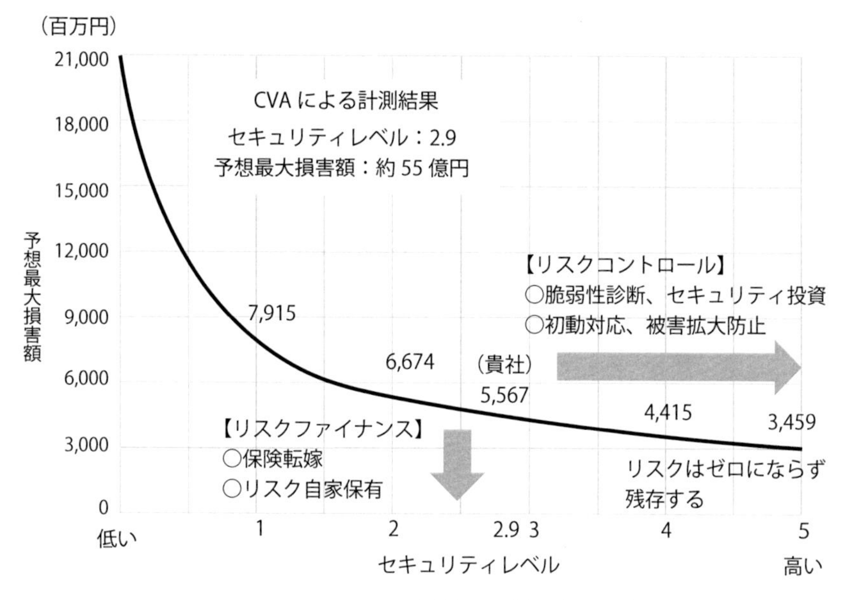

図2-8 CVAによる予想最大損害額の算出

図2-7は、情報漏洩の場合9.4%の発生確率で、およそ9億円の損失が見込まれる事例を示したものである。事業中断の発生確率がおよそ5.6%と低いが、最悪のシナリオでは140億円を超える損失が発生する可能性を示している。

すなわち、トータルで150億円相当の損失額が想定されるため、その損失額をマッピングに落とし込み、より具体的な戦略を立てていく。その戦略には、保険を活用した財務的損失の補償限度額の決定やCISOがセキュリティ投資予算を経営陣から獲得する際、重要な判断材料にもなり得る。

次に、サイバーリスク特有のベーシスリスク（残余リスク）について解説する。**図2-8**の縦軸は、先ほどのリスクマッピング同様に予想最大損害額を示しており、横軸はセキュリティレベルを5段階で示している。すなわち0は一切セキュリティがない状態で、5が最高レベルのセキュリティの状態である。このケースではセキュリティレベルを確認するための質問書への回答の結果、2.9であり、CVAによる定量評価は約55億円と算出された。

経験値から分析すると、日系企業においては2.2～3.5がほとんどである。米系企業の米国本社であっても5は皆無であり、最高でも4前後だと言われている。そして、なだらかに右下方に降りてくるグラフはリスクカーブと呼ばれ、サイバーリスク以外のリスクについても長年蓄積されたデータを活用した分析が可能だ。

さらに、ほぼすべてのリスク事象について、セキュリティレベルを最高評価の5に上げたとしても、ベーシスリスクとして損失額が残り、たとえ評価4に改善されても44億円、そして評価5でも35億円ほどの財務的損失に備える必要がある。

この分析値は、セキュリティ責任者が遂行するサイバーリスクマネジメントに対する有益な回答として活用することもできるだろう。サイバーリスクマネジメントの取り組みにおいてよく論じられるのは、保険に費用を掛けるぐらいならセキュリティレベルを上げるために、セキュリティ予算に充当すべきという議論である。

例えば図2-8の事例について、評価2.9から評価4に向上させるためには、保険料のおよそ10倍以上ものセキュリティ投資が必要となる。実際には、評価3.5程度への引き上げが妥当な感触である。

なぜなら、評価4に引き上げたとしてもベーシスリスクは44億円近く残ってしまい、合理的な検証が伴わない無保険状態では経営責任を追及されかねない。したがって、このような財務計量分析を活用し、セキュリティ予算と保険予算とのバランスを吟味するとよいだろう。

2-4 サプライチェーン上のベンダーマネジメント

さて、マッピングにある程度の数値を落とし込むことができたら、サプライチェーン上の取引先をどのように管理するかを考えていく。今やすべてのビジネスにおいて、単独で完結できるケースは非常に稀である。製造業において2次請けは言うに及ばず、5次請けも珍しくはない。こうした状況下で非常に重要なのは、サイバーリスクはすべてのステークホルダーが加害者にも被害者にもなり得ることを常に意識することだ。

それぞれのリスクがまるでドミノ倒しのように連鎖していく様は、特にグローバルな最終完成品メーカーと、そのクライアントとの関係も含めて考える必要がある。2022年のトヨタ自動車の14工場が同時に操業停止した事案では、トヨタを直接攻撃する以上にキーサプライヤーを攻撃する方が甚大な被害

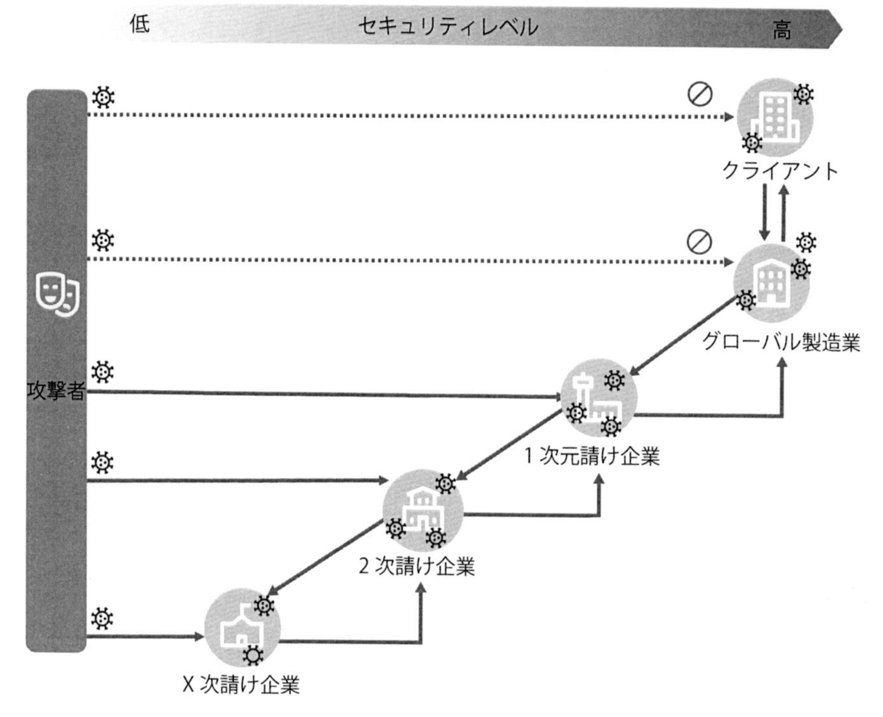

図2-9　踏み台攻撃の仕組み（例）

が発生することが証明された。これは、歴史に残るインシデントであったと言えよう（図2-9）。

ある企業の事例を簡単に紹介したい。A社がサイバー保険に加入しようとした経緯は、海外の大手取引先B社からの要請であった。B社は、他の取引先ベンダーC社がサイバー攻撃を受け、事業中断に陥る問題が発生し、かつB社の機密情報も危険にさらされた。これをきっかけに、B社はA社に対して外部診断ツールを活用したサイバーセキュリティ評価の実施を求め、A社はいくつもの具体的な改善要求に応じることとなった。

さらに、サイバー保険加入も必須条件として提示された。今後、このように取引を継続するには、サイバーセキュリティ評価とサイバー保険の加入が契約上必須条件となることがますます見込まれる。

3 リスクファイナンスとして保険を活用

3-1 サイバー保険を活用してインシデントレスポンスの基盤を整える

さて、ここでは米国の企業のレディネスの中で重要な位置づけであるインシデントレスポンス体制について、保険を活用する意義を解説する。マッピングを行い、サイバーリスクの発生頻度と最悪の場合の最大予想損害額を算出し、サイバーBCP（Business Continuity Plan）やDRP（Disaster Recovery Plan）を準備し、ベンダーマネジメントがある程度整ったとしても、サイバーインシデント発生時に速やかに初動体制が発動できない場合、まったく意味を持たない。

特に、的確に初動チームを組成するコーディネーターとしての、インシデントレスポンスマネジャー（IRM）の確保がとても重要である。実際に内製化は非常に難しく、外部専門家の登用が現実的である。そして、どの部門で発生しても、また海外を含むどの地域で発生してもIRMによるトリアージと遅滞ない初動チームの立ち上げがすべての鍵を握る。すなわち、的確なIRMなしにデジタル・フォレンジックや最適な法律専門家などの任命は叶わず、途中で編成し直すこともあり得る。具体的事例は、巻末のケーススタディを参照されたい。

さらに昨今では、たとえ信頼できるIRMとリテーナー契約を締結したとしても事案が同時に重なり過ぎ、速やかな発動が難しいことも想定して、信頼できる複数の外部専門家の確保も重要である。こうした現実を視野に入れ、実績の抱負な保険会社によるインシデントレスポンス体制をバックアップとして確保することはとても有益だろう。グローバル企業の場合はむしろ、実績の抱負な保険会社のインシデントレスポンス体制を主軸に据える方が現実的であろう。

図2-10は、レスポンス体制について時間軸をもとに、各段階におけるポイントを整理したものである。保険証券の内容にもよるが、「不正アクセス等の

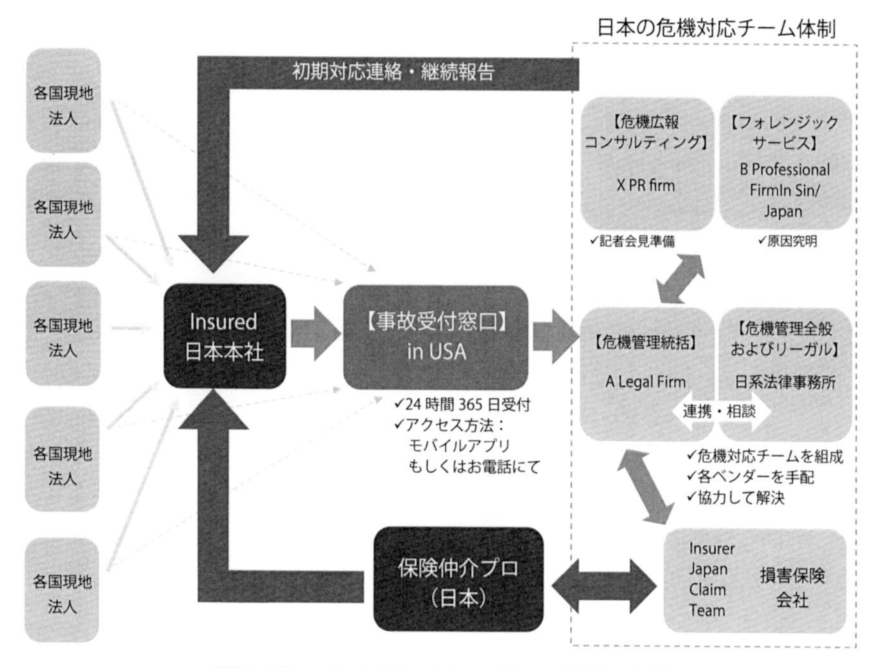

図2-10　インシデントレスポンス体制の事例

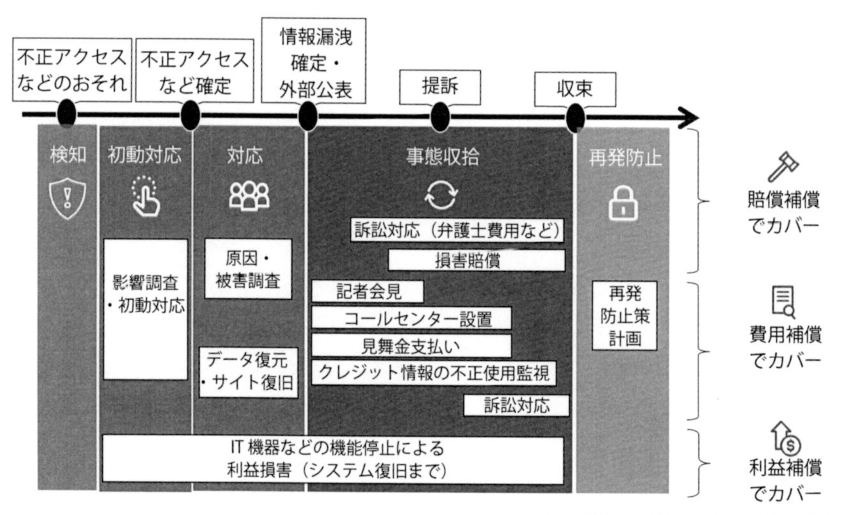

図2-11　サイバー保険のインシデント対応フロー

恐れ」の段階からデジタル・フォレンジックサービスを活用できるケースもある。そして、「不正アクセス等確定」の後、外部への公表を円滑かつ最適に行うためのサポートを受け、「提訴」の段階では訴訟対応、さらには再発防止策の策定などレスポンスサービスを受けられるイメージである。それに呼応する形で、それぞれの段階において発生する各種費用や損害賠償費用、さらには事業中断による利益損失を補償するものである（図2-11）。

3-2 補償内容は保険会社によって千差万別

一般の保険購入者は、大手損害保険会社のサイバー保険の補償内容にはそれほど違いがないと考えるケースが比較的多い。これは大きな誤解であり、単なる保険料の安さだけでサイバー保険を選んでしまう大きな落とし穴となり得る。実は保険会社によって補償内容には大きな違いがあり、今後、その違いはますます広がる可能性がある。したがって、保険会社のサイバー保険の補償内容を事前に詳細にわたり、精査することが求められる。

表2-1では一部の情報を紹介するにとどめるが、グローバルで実績のある保険仲介会社であれば日本の大手損害保険会社のみならず、グローバルの外資系損害保険会社の補償内容の違いを可視化できる。見積りを取得する過程において2～3社に絞り込み、保険料の見積りも視野に入れながら他社と比較し、補償内容の拡張を候補となる保険会社に具体的に要求をすることが重要である。たとえ大手保険会社であっても、他の保険会社の保険商品の補償内容を詳細にわたり把握し、見直すことは物理的に難しい。そのため、欧米では保険仲介会社を起用し、補償内容の比較などを効率的かつ専門的な視点で行っている。

補償内容の比較検証と保険会社との交渉による補償の拡大に目途がついたところで、次に、インシデントレスポンスサービス内容の比較検討を行う。この分野は、実際には大多数の保険会社がまだ試行錯誤の状態であり、特にグローバルレスポンス体制が盤石な保険会社は少ないのが現状である。それに加えてレスポンスサービスを専門とする会社、例えば、デジタル・フォレンジックやクライシスレスポンスを提供するサービスプロバイダーにおいても、人材の流動や合従連衡もあるため常にサービス品質が一定であるとは言い切れず、品質の確認が必要だ。

表2-1　保険会社ごとの初動対応サイバー攻撃のおそれを検知したときの差異事例

		A		B	C	D	E
		サイバーリスク保険		ワイドプラン	サイバー保険	Cyber Pro Fusion	Cyber Edge 2.0
トリガー	事故原因	サイバー攻撃の"おそれ"					
		システム上のミス・エラーなど（情報漏洩を含む）					
	発覚経路（外部通報など）	公的機関からの通報、セキュリティ運用管理委託先からの通報					
		自社確認で実際の事故または、合理的な根拠がある事故のおそれ（一部のみ補償）		自社での攻撃のおそれ確認は不可	ツールなどによる自社検知でも補償発動	合理的な根拠がある事故のおそれは不可	自社確認で実際の事故、または合理的な根拠がある事故のおそれ
保険金支払での制限	外部への公表	公的機関への届出 公的機関からの通報 被害者へ詫び状 報道・発表	左記以外の場合	サイバー攻撃の場合、攻撃有無の調査時には不要	サイバー攻撃等であれば不要	なし	なし
	日数制限	1年以内		1年以内	日数制限指定なし	事故後120時間以内	日数制限指定なし
支払費用	攻撃有無確認	○（社内調査も可）	○（3,000万円/縮小填補率90%）	△（既存ベンダーは不可 3,000万円/縮小填補率80%）	○	○500万円	○
	ネットワーク切断	○	○（3,000万円/縮小填補率90%）		○（トリガーは外部通報）	○500万円	○
	フォレンジック	○	○（3,000万円/縮小填補率90%）	△（事故確定後に別補償）		○500万円	○
	弁護士・コンサル	○	○（3,000万円/縮小填補率90%）			○500万円	○
	風評被害拡大防止	○3,000万円/縮小填補率90%			△（事故確定後に別補償）	△（事故確定後に別補償）	△（事故確定後に別補償）
	再発防止	○1,000万円/縮小填補率90%					

優　良　他に劣後する

そして、保険会社の補償内容の多寡と同様に、引受キャパシティについても注視しなければならない。今後キャパシティの引き締め傾向が続くと考えられ、当面キャパシティの拡大は見込めない。そのような背景からも、プライマリープレーヤー（幹事保険会社）の決定には慎重な判断が求められる。保険会社選定のポイントは次の通りである。

①インシデントレスポンスサービスのクオリティと実績

②補償内容と交渉による柔軟性
③保険料（含む適正な限度額の設定および免責額の決定）
④引受キャパシティ量

なお自社対応、あるいはすでにリテーナー契約中のレスポンスサービスの外部専門家、すなわちIRM、デジタル・フォレンジック、法律事務所を登用したい場合には事前に保険会社の了解を取り付けることもポイントである。

3-3 サイバー保険プログラムのベストプラクティス

某大手グローバル製造業のサイバー保険グローバルプログラムを紐解いてみよう。サイバーリスクの解決策を検討するプロセスにおいて、最大予想損害額を算出すると、自社の財務体力をはるかに超える財務的損失の可能性が導き出された。経営の屋台骨を揺るがしかねない財務的損失を保険でヘッジするために、サイバー保険の導入の検討に至った。国内外も含めて自己調達が困難とされるインシデントレスポンス体制については、保険を通じての整備が実現した。

加えて、海外現地法人で発生したインシデントは、現地法人単独での保険手配が困難なことも想定された。そこで、本社主導のサイバー保険のグローバルプログラム化により保険契約を一元管理し、交渉力を効かせた保険調達を可能としたことで、世界の事業所でシームレスなサイバーリスクの保険への転嫁ができるようになった（**図2-12**）。

保険プログラムに落とし込む際に見落とされがちなのが、免責額の設定である。それは、自らの財務体力を基盤にリスクを自己保有する金額の設定を指す。特に限度額の設定は、合理的なリスクファイナンス戦略を成功させるために非常に重要な要素である。**図2-13**にあるようなリスク許容額分析は、限度額の設定に有効だ。かなり専門的かつ特殊な分析ツールを用いる事例も多く、詳細は省くが、基本的には財務諸表および株価/時価総額の推移データを使用する。例えば、危機的なシナリオを“向こう12か月で株価が20%下落する”と定義する。いわゆる、過去の財務諸表/推移から、いくらまでの損害（特損）であればこの危機的なシナリオに陥らないかを分析するものであり、投資家の期待する期待利益や許容損失なども含んだ結果となっている。株主へのコミッ

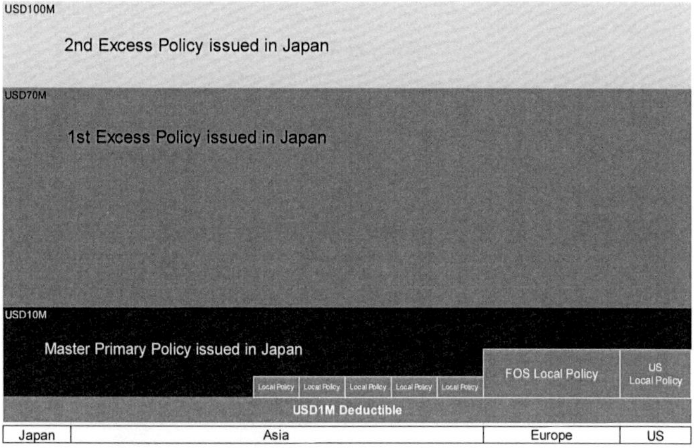

USD100M
2nd Excess Policy issued in Japan
USD70M
1st Excess Policy issued in Japan
USD10M
Master Primary Policy issued in Japan
Local Policy　Local Policy　Local Policy　Local Policy　Local Policy
FOS Local Policy
US Local Policy
USD1M Deductible
Japan　Asia　Europe　US

	IT戦略（経営）	リスクアセスメント可視化	リスク・コントロールプリベンション	リスク・トランスファー／ベーシス・リスクヘッジ
経営　CXO	◎	△	○	◎
IT責任者	◎	○	◎	×
監査役・社外取締役	×	◎	○	○
財務　CFO	◎	○	×	◎
法務	◎	◎	×	◎
HR	○	×	◎	×
Risk Manager or 保険担当	×	◎	△	◎
現場（生産・サービス）	○	◎	◎	×

図2-12　保険プログラムおよびキー・ステークホルダー

トメントがROE（自己資本利益率）だとすれば、期待されるROEを棄損する可能性のある損失額を設定するなど、状況や条件に応じて、柔軟に対応できる。

具体的に読み解くと、**図2-14**の場合、3.2億円の損失までであれば期待利益を棄損しないで済むことを指す。そして、1.6億円を超える事故が年に3回以上は発生しないことが見込まれるのであれば、およそ1.6億円以内の免責設定

貴社のリスク許容額は約 6.5 億円であり保険リスク相当（25～50%）は
約 1.6 億円から約 3.2 億円

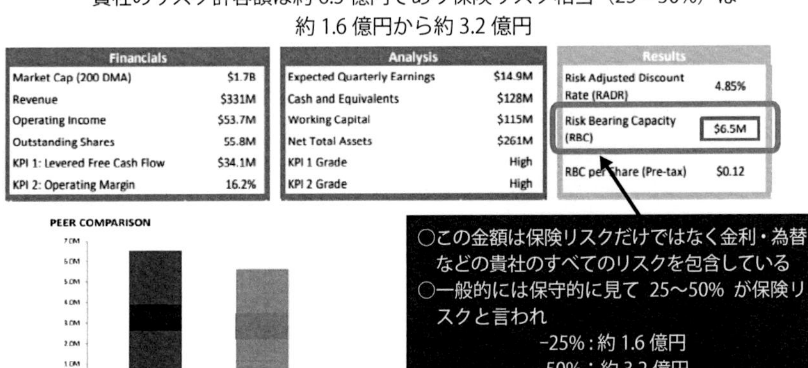

Financials	
Market Cap (200 DMA)	$1.7B
Revenue	$331M
Operating Income	$53.7M
Outstanding Shares	55.8M
KPI 1: Levered Free Cash Flow	$34.1M
KPI 2: Operating Margin	16.2%

Analysis	
Expected Quarterly Earnings	$14.9M
Cash and Equivalents	$128M
Working Capital	$115M
Net Total Assets	$261M
KPI 1 Grade	High
KPI 2 Grade	High

Results	
Risk Adjusted Discount Rate (RADR)	4.85%
Risk Bearing Capacity (RBC)	$6.5M
RBC per Share (Pre-tax)	$0.12

図 2-13　リスク耐性キャパシティ分析結果

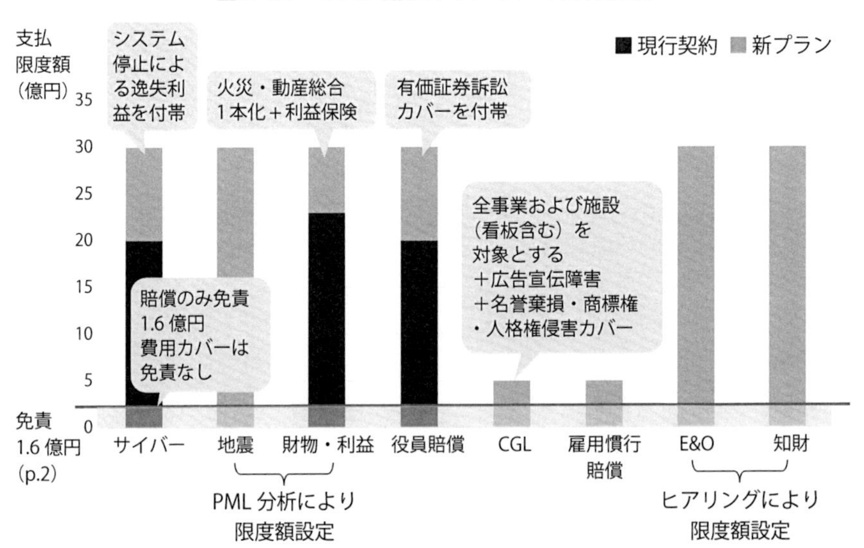

図 2-14　保険種目×保険付保額×免責額分析

は合理的だろう。さらには、発生確率が高いリスクは自己保有すれば、総額の保険料コストを節約できる。特にサイバー保険の場合、1億円までの損失の発生確率が高止まりしている現実からも、グローバルで実績のある保険会社であれば、最低でも2,500万円から1億円に近い免責額を要求するケースが増えているようだ。自己保有分析は保険限度額設定同様に重要な位置づけである。

数年前にグローバル保険プログラムを立ち上げる際に、すでにサイバー保険の調達が容易ではない兆候が表れていた。サイバー保険を購入すればリスクヘッジ策として機能した時代から、現在はサイバーリスクマネジメントを実施した上で保険会社と交渉せずにサイバーリスクの引受は難しくなってきている。国内外の大手保険会社は、たび重なる大規模なサイバーインシデントに対する高額な保険金支払いのため、慎重な引受姿勢を取るようになっている。

通常、保険を調達するには質問書に詳細なリスク情報を記入する必要があり、その情報から保険会社はリスクを精査し、保険料率を算出する。残念ながら、主観的な保険見積り質問書によるリスク査定の限界が露呈し、前述のBitSightやSecurity Score Cardのような外部のツールを客観的なデータとして活用し、特に外資系大手保険会社の場合、社内のサイバーリスクエンジニアがダークウェブ（闇サイト）まで入り込み、顧客の機密情報や認証情報などが取引されていないかまでも確認をする。

そのため、前述のリスクマッピングを作成するプロセスは、ニーズに合った保険を購入する上でも利用価値が高い。一方で質問書の記入を顧客に依頼後、数週間経過しても提出されず確認したところ、ステークホルダー間での連携が取れていないため頓挫するケースも散見される。

例えば、工場のOTに関連する質問について、製造部門全体のOTを統括している責任者が不在であったり、工場単位のみならずライン単位や都市単位、さらには国単位での確認が個別に必要であったりして暗礁に乗り上げたケースもある。これは、インシデント発生時のトリアージの局面においても、どこの誰が何について情報や行動の責任を持つのかを円滑に探し出す際の大きな障壁となり得る。質問書に手早く的確に記入できれば、インシデント対応体制についても最低限の備えができていると見なしてもいいだろう。

3-4 中堅・中小企業への応用

これまでの内容は基本的にグローバル企業向けに解説をしてきたが、中堅・中小企業に応用でき得る手法でもある。全国に存在する日本の産業の根幹はまさに中堅・中小企業であり、その数は膨大である。中堅・中小企業は、地域特化型のサイバーセキュリティお助け隊の活用や経済産業省および情報処理推進機構（IPA）が主導している中小企業の情報セキュリティ対策ガイドラインや、中堅・中小企業自らが情報セキュリティ対策への取り組みを自己宣言する制度の検討を推奨する。まずは、IPAが公開している情報セキュリティ5か条[16]に取り組む一つ星の自己宣言をし、情報セキュリティ自社診断を実施して基本方針を策定する二つ星の自己宣言へステップアップする。こうした取り組みにより、確実にサイバーセキュリティの向上の実現が叶う上に、IT導入補助金の獲得も見込める。補助金の申請には、「SECURITY ACTION」の宣言（一つ星または二つ星）が必須要件であり、具体的な方法は経済産業省ホームページ「中小企業のサイバーセキュリティ対策」[17]を参照されたい。

3-5 リスクアピタイト・ステイトメントについて

理想的なサイバーリスクマネジメントを励行することは、リスクアピタイト・ステイトメントを構築するための基盤となるだろう。米国のほとんどの大手上場企業は、リスクマッピングに加えてリスクアピタイト・ステイトメントも備えている。日本においても、大手金融機関ではすでに備えている場合が多い。また、ESGレポートの作成にも役立つ。リスクアピタイト・ステイトメントの定義は、組織の目的や事業計画を達成するために進んで受け入れるリスクの種類、量に対して、受動的な対応だけではなく、組織として望ましい姿勢に向けて能動的に対応するための指針である。

自動車レースに例えて言うならば、いくら高性能のエンジンを積んでも制御力抜群なブレーキ、すなわちリスクマネジメントなしでは的確なコーナリング

16 https://www.ipa.go.jp/files/000055516.pdf

17 https://www.meti.go.jp/policy/netsecurity/sme-guide.html

とともに、ここぞというときのバックストレートでの思い切ったアクセル全開の経営はできないということである。経営主導で全社一丸となって取り組むサイバーリスクマネジメントを実践することは、サイバーリスクへのレジリエンスを高めるだけではなく、リスクアピタイト・ステイトメントの作成の後押し、コンプライアンスや人権リスクなども含めた組織としての統合的なリスクマネジメント文化の醸成にもつながる。

Column

米国のサイバー保険の歴史から サイバーインシデントの変遷を考察

米国におけるサイバー保険の夜明けは2000年（Y2K）問題だった。当時開発されたインターネット賠償責任保険がサイバー保険の祖である。Y2K問題は事なきを得たものの、2004年頃から徐々に情報漏洩が目立ち始め、外部公表を行う場合の諸費用をカバーするインシデントレスポンス補償の提供が始まった。2006年時点においては、外部公表にかかる諸費用だけではなくデジタル・フォレンジック、弁護士費用、クレジットモニタリング費用なども補償対象となり、ニーズは広がった。さらに2008年には行政への罰金や過料も補償内容に追加され、2010年にはPCI（ペイメントカード）に関連する罰金や過料の費用も補償対象となったのである。

そして、2011年には悪意の有無にかかわらず、物理的な損害のない事業中断に伴う利益補償を求めるケースが発生した。2013年には、悪意のあるもののみを対象として構外利益補償が追加され、2014年には悪意のない構外利益補償も追加された。構外利益補償とは、トヨタのケースのように外部のサプライヤーがサイバー攻撃により、トヨタへの製品供給が停止した際に発生するトヨタの利益減少費用などを指す。サプライチェーン上の弱点を突かれた“もらい事故”とも言えるかもしれない。とはいえ現在、米国においても手当てがほぼ難しい補償内容となっている。

2015年には、サイバーインシデントによる自社工場が物理的に損害を被った際の補償までもが追加された。2014年にドイツの製鋼所のネットワークがサイバー攻撃を受け、溶鉱炉の一つが甚大な被害を受けた。攻撃者はいわゆる標的型電子メールを送りつけ、制御システムを乗っ取った。その結果、プラントの部品が破損して溶鉱炉は正常に停止せず、爆発を起こして破壊に至ったが、火災保険しか手当されておらず保険金は支払われなかった。2016年には、サイバーインシデントによる身体障害まで補償対象が拡大された。さらに風評被害による損害回復費用や、ソーシャルエンジニアリングによる振り込め詐欺に加えて、ボランタリーシャットダウンも補償対象となった。当然ながら、サイバー保険の標準として身代金の支払も補償対象だ。

しかし、2017年のNotPetyaによる猛威を経て補償内容が縮小した結果、かなり高度なサイバーハイジーンの励行のみならず、外部脆弱性診断ツールによるAレーティングあるいは800点相当を獲得していなければ、ほとんどの追加特約補償を獲得できないのが現状である。

このような状況下、サイレントサイバー（リスク）が問題視されている。それは、サイバー保険以外の従来型の保険（財物・利益保険や賠償責任保険）で約款上明示して補償するともしないとも言及していないリスクであるが、こうした伝統的な保険でもサイバーリスク起因の事故を予期せず拾っている可能性があり、保険業界に一石を投じている。ロンドン市場を中心に、保険会社は潜在的にすべての保険種目について、サイバー起因の損害に対して裏書を行うようになっている。大規模なマルウェア攻撃や国際的な同時多発マルウェア攻撃が発生した場合には、さまざまな機関を巻き込んで延々と続いていくシステミックリスクの可能性があるため、保険会社はサイバー起因のリスク引受制限を睨んでいる。

現状、日本はその影響が大きく波及している状態ではなく、欧米に比べると比較的緩やかな状況が続いている。しかし、日本の元受保険市場は欧米の再保険市場を活用している現状を踏まえ、今後の保険市場の変化について引き続き注視すべきだ。保険会社によっては、補償内容や条件の差異が顕著になってくる可能性が否めない。そのため、保険仲介業者などの外部専門家の登用によるERM（企業横断型リスクマネジメント）および保険戦略の策定支援は有効だろう。 **（佐藤徳之）**

4　ゼロトラスト

4-1　高まるゼロトラストへの関心

ここから、日本でも関心が高まっているゼロトラストについて紹介する。ゼロトラストはネットワークを中心とした概念であり、本項では米国国立標準技術研究所（NIST）が発行するゼロトラスト・アーキテクチャに関する文書を参照しながら進めていく。また後半では、ネットワークだけでなく、サーバーやIoT機器に代表されるデバイスの観点から、ゼロトラストの概念を取り込んだハードウェアセキュリティの動向について、併せて紹介する。

4-2　ゼロトラストの定義・実装・運用

「ゼロトラスト」および「ゼロトラスト・アーキテクチャ」は、単一の製品やサービスを示す用語ではなく、概念である。したがって、ゼロトラストの概念に基づいて実装された製品や、ゼロトラスト・アーキテクチャを構築するための要素としての製品は存在するが、単体でゼロトラストを実現するものは存在しない。

NISTが発行するコンピューターセキュリティレポートSP800シリーズ文書には「SP800-207ゼロトラスト・アーキテクチャ」があり、ゼロトラスト・アーキテクチャのガイドとして広く利用されている。この文書による、ゼロトラストの定義は以下のように始まる。

“ゼロトラストとは、ネットワークが侵害されていると見なされる状況下で、情報システムやサービスにおいて、正確かつ最小権限でリクエストごとにアクセス判断を行う際に、不確実性を最小限に抑えるために設計された、概念とアイディアの集合体である。”

出典：National Institute of standards and Technology, *NIST Special Publication 800-207 Zero* Trust Architecture（NIST：2020), p4. 翻訳著者

ITの専門家以外にはなかなか読み解きづらい記述だと思われるので、順を追って説明していく。

従来、企業のネットワークは、組織の「内」と「外」を分けて考えることで、セキュリティを担保してきた。組織内部にあるデータセンターと外部インターネットとの接続に、ファイヤーウォールに代表されるセキュリティ対策のための機器を配置し、これを境界にして外の脅威から内側を守る。境界防御と呼ばれるモデルである。

しかし、リスクのあるインターネット、安全なイントラネットという「大きな」セキュリティの境界をベースにしたモデルだけでは、対応が難しくなっている。アプリケーションの使われ方は多様となり、データの置き場所もデータセンターだけではない。「内」と「外」の線引きは今や困難だ。

例えば、テレワークの拡大でユーザーは家からも会社からもアクセスを行う。DXの推進によりデータの生成・格納場所は、組織のデータセンターから、店舗・工場・車の中などあらゆる場所に分散している。

ゼロトラストはこの事態を前提として考案された概念であり、安全なネットワークというものは存在しない前提でシステムが設計される。先に挙げた定義にある「ネットワークが侵害されていると見なされる状況下で」は、真偽にかかわらずネットワークが安全ではない（原文：viewed as compromised）と見なして対応することを意味している。つまり、ゼロトラストは一種の性悪説に基づいた概念である。

この性悪説の世界で、安全にリソース（アプリケーションとデータ）を使うためには、個々の利用者とリソースを安全に接続するネットワークの仕組みが必要となる。前述の定義にある「正確かつ最小権限でリクエストごとにアクセス判断を行う」というのが、ゼロトラスト・アーキテクチャ（システム構造）でセキュリティを実現する核となるアイデアである。

何の対策もなければ、ネットワークに接続された機器は互いに無条件で通信できるが、ゼロトラスト・アーキテクチャでは通信ができるか、できないかが都度判断され、さらに監視されるのである。では、このアイデアはどのように実装されるのだろうか。

ゼロトラストの実装

ゼロトラスト・アーキテクチャを実装していくために、SP800-207は基本的な原則を7つ示している。順に見ていく。

(1)すべてのデータソースとコンピューティングサービスは、リソースとして見なされる

出典：National Institute of standards and Technology, *NIST Special Publication 800-207 Zero Trust Architecture*（NIST：2020), p6-7. 翻訳著者、以下7項目同じ。

この原則は、後述するハードウェアセキュリティにも関係してくる。ネットワークに接続されるリソースとして、データセンター内のサーバーだけを考えればよかった時代から、クラウド上のサーバーやSaaS/PaaS、IoT機器など多様なリソースが接続されるのが現況であり、これらに漏れなく対応する必要がある。

(2)ネットワークの場所に関係なく、すべての通信が保護される

従来の境界防御とは異なり、たとえデバイスが組織内のネットワークに物理的に接続されていたとしても安全と見なすことはせず、ゼロトラストセキュリティの対象となることを意味している。これは、ネットワークに接続されるあらゆるタイプのデバイスで、ゼロトラストを前提としたデザインと運用がなされるべきである、ということにもつながる。

さらに次の4つの原則で、ゼロトラスト・アーキテクチャの具体的な仕組みが説明されている。

(3)企業リソースへのアクセスはセッション単位で許可される

(4)リソースへのアクセスはクライアントID、アプリケーション/サービス、要求している資産の状態、および行動・環境属性を含む動的ポリシーによって決定される

(5)企業は、所有または関連するすべての資産の整合性とセキュリティ状態を監視し、測定する

(6)すべてのリソースの認証・認可は動的で、アクセスが許可される前に厳格に実施される

ここに挙げられた4つの原則では、リソースへのアクセス許可をどう制御するか、またそのセキュリティ状態をどのように監視するか、について示してい

る。先に述べたように、ゼロトラスト・アーキテクチャの核は、個々のアクセスをきめ細かく認証・認可する点にある。

NIST SP800-207が示すゼロトラスト・アーキテクチャでは、アクセスの要求元は主体（Subjects）と呼ばれ、ユーザーだけでなくアプリケーション、サービス、デバイスが含まれる。主体は、リソースにアクセスする際に、まず何者であるかが調べられる（認証）。

次にポリシー実施ポイント（PEP：Policy Enforcement Point）を経由し、ポリシー決定ポイント（PDP：Policy Decision Point）でそのアクセスの可否が決定される（認可）。PEPは、実際のネットワークインフラではファイヤーウォール、ルーター、スイッチ、Wi-Fiアクセスポイントなどが該当する。また、PDPはRADIUSサーバーやSDNコントローラなどの製品がその役割を担うことが多い（**図2-15**）。

ゼロトラストの実際の運用をイメージするために、PDPとPEPを社内ネットワークに最適化した例を取り上げる。社内のWi-Fi 経由で接続したモバイルデバイスが、社内のリソースへのアクセスを要求するシナリオを考えてみよう（後述のマイクロセグメンテーションのシナリオに該当）。モバイルデバイスは近傍のWi-Fiに接続する際に、まずPDPにあたる認証サーバーで認証を受ける。この時点でPDPはアクセスを認可し、あらかじめ定められている認可ポリシーに従い、必要最小限のアクセス権を付与する。

この情報は、デバイスが実際に接続しているWi-Fiアクセスポイントに伝達される。このWi-Fiアクセスポイントは PEPの役割を果たしており、PDPのポリシーに従った限定的なアクセスを、主体（Subjects）であるデバイスに提供する。デバイスには、指定されたネットワーク領域やサービスに対してのみアクセスが許可され、さらに挙動がリアルタイムに監視される。

境界防御であれば、社内のネットワークに接続されたモバイルデバイスは、アクセスする先が社内である限り（境界を越えなければ）制限を受けることはなく、挙動が監視されることもない。対して、ゼロトラスト・アーキテクチャではいったんネットワークが接続されても、デバイスがリソースへのアクセスを要求する都度、認証・認可が行われる。

仮にリソース接続後であっても挙動に不審な点があれば、ネットワークから隔離される。状況が常に変化することを前提にした実装・運用となっている点

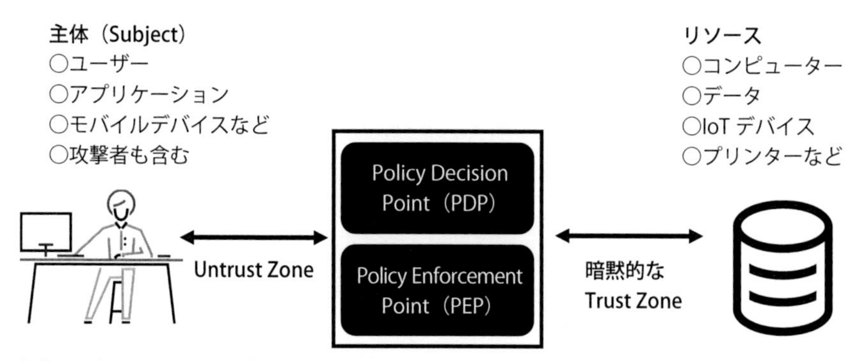

出典：日本ヒューレット・パッカード合同会社 National Institute of standards and Technology, NIST Special Publication 800-207 Zero Trust Architecture（NIST：2020）Figure 1：Zero Trust Access をもとに作成

図2-15　ゼロトラストアクセス

も、従来の境界防御との相違点である。

⑺企業は、資産やネットワークインフラ、通信の現状について可能な限り多くの情報を収集し、セキュリティ態勢 を改善するために使用する

最後に、情報の収集についての原則が示されている。組織内のITインフラ資産の棚卸しを行い、それを常に最新に保つのは現実的に難しいことが多い。実際に、リタイア間近のサーバーがセキュリティ監査の対象からすり抜け、セキュリティ侵害を受けた例もある。ゼロトラストに限らず、この原則はセキュリティ対策の第一歩と言える重要な項目である。

ゼロトラストの実際の運用、3種類のバリエーション

上記の原則を踏まえ、ゼロトラストを実現するアーキテクチャを検討していくことになるが、いくつかの典型的なアプローチが存在する。SP800-207で示されている3つのアプローチをベースに、現在では以下の3つのシナリオが考えられる。組織のニーズに応じて、またリソースの利用形態によってこれらを選択、または組み合わせていくことになる。ここでは、それぞれ簡単に紹介する。

⑴ID管理基盤の活用

ユーザーのIDと、これに紐づけられた複数の属性情報を使って、認証・認可を行うシナリオである。例として、組織が管理しない機器が多いネットワーク（BYOD、契約社員、組織間コラボレーションなど）で、リソースアクセスを認証・認可する必要がある場合に利用される。セキュリティ状態を常に監視し、リソースを保護する。ただし、リソース自体はネットワーク上に公開されているため、ネットワークを攻撃するDDoS攻撃などの影響を受けるリスクがある。

⑵マイクロセグメンテーション

オンプレミスやハイブリッドクラウドの環境で利用される。旧来の境界型よりも細かい粒度でネットワークを分割（セグメンテーション）し、アクセス制御を行う。これにより、暗黙的なTrust Zoneを最小化して、侵害時のリスクを局所化する。例えば、リソース側でのセグメンテーションとしてホストベースの分散ファイヤーウォールを使う、あるいは前掲の例のように、エッジ側で個々のWi-FiアクセスポイントをPEPとしてセグメンテーションする、ようなシナリオが考えられる。

⑶ネットワークインフラとSDP（Software Defined Perimeter）

セキュリティ境界をソフトウェア制御するアプローチである。次世代のゼロトラスト・ネットワークの実装として注目されている。仮想的なネットワーク（オーバーレイネットワーク）を利用し、アクセス権を持たないすべての主体に対し、ネットワーク上からリソースを隠蔽することを可能にする。

4-3 ゼロトラスト・ネットワークへの移行

これまで述べてきたように、組織内外の状況の変化により、ゼロトラスト・アーキテクチャの導入は企業にとって喫緊の課題となりつつある。現実には、ゼロトラスト・ネットワークの「導入」ではなく「移行」という言い方が、多くの組織にとって実情に近いだろう。

組織が運用するネットワークは日々運用され続けており、ゼロトラストへの移行は、現在の境界型防御から段階的に行われることになる。既存インフラを現実的な計画でゼロトラストに移行するには、以下の2つが大きな考慮点になるだろう。

①現用のネットワークの構成を維持しながら、必要最低限の機器の追加更新でゼロトラスト・アーキテクチャを実現可能か
②ゼロトラスト・ネットワークを構築した後の運用コストを増やさない、または減じることが可能か

①については、すべての機器を入れ換えなければ実現できないような状況を避けられるか、スモールスタートが可能かということも重要な要素となる。②については、メンテナンスポイントを少なくして運用コストを下げ、自動化などの技術も積極的に採り入れることも考慮したい。

実際にゼロトラスト・ネットワークを導入していくにあたっては、米国では自社のセキュリティ部門が自分たちで考えて取り組んでいるケースが多い。一方、日本ではシステムインテグレータやコンサルティング会社が提供するサービスを利用することが典型的ではないだろうか。別の進め方としては、ゼロトラスト関連の製品を扱うベンダーの意見を聞きつつ、本書をはじめとしたさまざまな書籍・情報に触れながら、米国のように自組織で取り組んでいくやり方もとれるだろう。

後半では少しトピックを絞り、ゼロトラストの概念を取り込んだハードウェアセキュリティの動向について紹介する。

米国の取り組み、NIST SP800シリーズ文書

ここでいったんサイバーセキュリティの対応について、NISTが発行する文書の変遷と絡めて米国の動きを振り返ってみたい。米国連邦政府がここ約10年でどのような動きをとってきたか、概観してみる。

まず、2010年に発令された大統領令13556で「管理すべき重要情報（CUI）についての指示」が通達され、米政府全体として情報セキュリティ強化の流れが始まっている。すでに何度も引用してきた、NIST SP800シリーズ文書の発行元であるNISTから、2014年にCSF：Cybersecurity Framework Version 1.0がリリースされ、翌2015年には、NIST SP800-171「連邦政府外のシステムと組織における管理された非格付け情報の保護」がリリースされた。CSFはサイバーセキュリティの代表的なフレームワークとして、広く参照されている。

ここまでたびたび取り上げてきたNIST SP800シリーズ文書は、コンピュー

ターセキュリティレポートとして、組織レベルから業務プロセス、情報システムレベルまで含むガイドライン群である。一連の米政における取り組みの中でガイドとして指定され、連邦政府外や日本でも広く活用されている。中でもSP800-171については、これをサイバーセキュリティの基本方針として打ち出す日本企業も出てきている。

ゼロトラストは近年になってSP800シリーズに追加されたもので、SP800-207「ゼロトラスト・アーキテクチャ」は、2020年にリリースされた。その後、2021年5月12日の大統領令14028「Improving the Nation's Cybersecurity」では、明示的に「ゼロトラスト」の単語を使って連邦政府機関が使用するシステムのセキュリティを60日以内に担保するように指示している。

ハードウェアの性善説の終わり

前半で、性善説に基づいた安全なネットワークという概念が、すでに過去のものとなったことに言及した。これに対応したのがゼロトラスト・アーキテクチャである。一方で、ITインフラを実際に構成している無数のデバイス、ハードウェア群の安全性については、従来ほぼ注目されてこなかった。

しかし、IoT機器に感染するウイルスの登場などにより、ハードウェアの安全性についても徐々に認識が高まりつつある。従来、ハードウェアへのセキュリティ侵害という事態は想定されていなかった。しかし、攻撃手段の多様化により状況は変わりつつある。各ハードウェアベンダーは将来の脅威の進化を見据えて、対策を開始しつつある。

氷山の一角、ファームウェアの高度化

これから紹介するハードウェアセキュリティとは、具体的にはハードウェアに搭載されるごく低レベルのソフトウェアに関するものである。ハードウェア上の不揮発性メモリなどに書き込まれて搭載され、OSやアプリケーションよりも低レイヤーで動作するソフトウェアを一般に「ファームウェア」と呼ぶ。

システムの複雑化と要求される管理要件の増大により、ハードウェアに組み込まれるファームウェアの規模は年々大きくなっている。また、ファームウェアが搭載される場所も多岐にわたり、サーバーだけを見てもCPU、GPU、マザーボード、HDD、SSD、電源ユニット、ネットワークコントローラ、アレイコントローラなど、あらゆるコンポーネントにファームウェアが搭載されて

いる。

そして、サーバーに限らず家庭のルーターやワイヤレス・イヤフォン、ガスメーターなどあらゆるデバイスにファームウェアが組み込まれている。このファームウェアが正常な動作をしていれば問題ないが、改ざんや破壊によるリスクが指摘されている。前半でも見てきたように、多くの技術領域で性善説の時代はすでに終わりを告げ、ハードウェアの世界でも性悪説を前提とした対応が必要になりつつある。

4-4　ハードウェアのゼロトラストとセキュリティ・バイ・デザイン

セキュリティを担保する仕組み

このハードウェア性悪説の状況で、セキュリティを担保する仕組みがNIST SP800文書によって示されている。NIST SP800-193「プラットフォームファームウェアの復旧能力についてのガイドライン」である。この文書では、ハードウェアのゼロトラスト・アーキテクチャとも言える、RoT（Root of Trust）の仕組みを取り上げている。RoTはハードウェアの基底となる部分に改ざん・偽造不可能なチェック機構（信頼の根、Root of Trust）を実装し、この機構をもとにしてファームウェアのセキュリティを担保する仕組みである（**図2-16**）。

NIST SP800-193ではサーバーだけではなく、クライアントPCやIoT（Internet of Things）機器、ネットワークデバイスなど、コンピューター的なアーキテクチャを持つすべてのデバイスがRoTの実装対象とされている。

こうした、ハードウェアが自身のセキュリティを担保する仕組みは、設計段階から組み込まれる必要がある。さらには製造や流通、利用から廃棄に至るまで、すべてのプロセスを通じてセキュリティを考慮した構築がなされる必要がある。

証明書、電子署名技術の活用

とはいえ、工場で大量生産・流通される製品において、製造から廃棄までのライフサイクル全体を通して、安全性やその真偽を人手による監視や書類のやり取りで担保するのは不可能と言える。したがって、ハードウェア自身にコンポーネントの安全性や真贋を検証させる仕組みを持たせる方向に進みつつある。

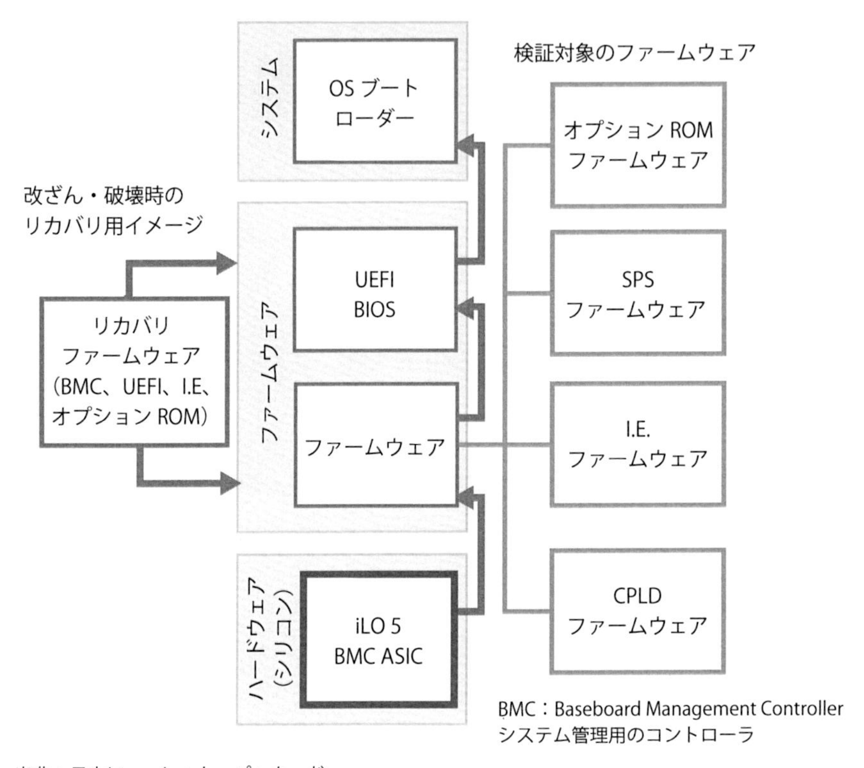

出典：日本ヒューレット・パッカード

図2-16　NIST SP800-193に準じたRoot of Trustの実装例

このような仕組みの実装にあたっては、前述のゼロトラスト・ネットワークでも多用される電子署名や証明書などの技術を使用する。ハードウェア内部で、コンポーネントが互いに証明書を使い、ファームウェアの改ざんや不正をチェックする仕組みが実装されつつある。つまりゼロトラストの概念に基づいて、ハードウェアも認証・認可をベースにして動作していくことになる。前述のRoTは、そうした取り組みの最初の実装例である。

現在流通しているハードウェアには、このようなセキュリティ機構を考慮しているものとしていないものが混在し、過渡期と言える。調達の検討にあたり各ハードウェアベンダーに、セキュリティ面での配慮がどの程度なされているか確認することをお勧めしたい。

4-5 ゼロトラストで実現できること

外部要因の変化により、ゼロトラストの実装は、組織のITインフラに必須の要件となりつつある。ITインフラの視点で、サイバーリスクのマネジメントを考えたときには、大きく3つの要素があると考える。1つは技術、2つめはリスクヘッジ、3つめが運用管理である。

本節では特に技術の部分で、今後対応が求められるゼロトラストについて言及した。ITインフラは導入・運用・更改のライフサイクルが年単位であり、セキュリティをその計画時点から押さえておく必要がある。セキュリティ対策は常に投資可能な予算との天秤であるため、ITインフラだけで万全の備えは難しい。したがって、後章で触れられるサイバー保険などのリスクヘッジの仕組みと組み合わせて使用していく必要がある。

また、常に新たな脅威に対抗して不断の監視を続けるためには、人手だけに頼らない運用の仕組みも随時導入していくことが不可欠だ。ゼロトラストで求められる動的なポリシー変更や、継続的なセキュリティの監視などは、コンピューターの得意分野である。ITインフラは脆弱な一面を持っているが、それ自体が対抗策を身につけ常に進化しているものでもある。こうした進化を味方につけることで、サイバーリスクマネジメントの力強い助手としてITインフラの活用を図りたい。

Column

サプライチェーンをどう守るか

世界的な半導体不足は、現代のハイテク製品が複雑なサプライチェーンによって初めて生産可能であることを広く認識させ、リスクの存在を顕在化させた。サプライチェーンリスクには2つの意味合いがある。一つは、部品供給そのもののリスクだ。ケーブル１本の欠品でも、機器は製造できなくなる。長期保守を考えた場合の保守部品確保も同様である。設計段階からの見直しを行い、例えば複数のベンダーから調達可能な部品を使うというような、デザインレベルでのリスクヘッジが進んでいる。

もう一つが、サプライチェーンの過程で意図されない変更が行われるリスクである。製造にあたって、例えば納入ベンダーにNIST SP800-171への準拠を求めるようなサプライヤーの管理を厳密に行い、製品製造にあたっての安全性を高める取り組みも行われている。一方で、このような動きは、自社がサプライヤーの立場である場合には、NIST SP800-171に対応しないとビジネスを継続できないリスクが生じることも意味している。このような観点から、SP800-171への対応を検討する企業も多い。

また、製造後に市場に流通する段階での、セキュリティ侵害への対抗策もとられつつある。輸送の過程でサーバーの筐体が開けられたことを検知する仕組みや、工場出荷時に埋め込まれたIDを使って、導入時に安全にネットワーク接続を行わせる仕組み（IDevID）などが用意されるようになった。

さらには、インテグレーションされたサーバーがA地点からB地点に輸送される間に、何らかの変更（例えば、カードを抜く、足す、位置を変えるなど）を加えた場合、それが次回の起動時に検知されるような仕組みも実現されている。

これまで本書で紹介してきた、比較的高度なサプライチェーンへの攻撃だけでなく、単に高価な部品を模造することで利益を得ようとするような事案も、海外では発生している。日本国内ではあまり考えられないことだが、メモリなどの高価な部品では偽造品というものもあり、これを防止するための2次元バーコードシールとスマートフォンアプリを組み合わせた真贋のチェック機構や、ホログラムシールの貼付などメーカーによる地道な対策も行われている。

このような、物理インフラレベルでのセキュリティ対策も、みなさんの意識しない所で着実に進化を遂げているのである。

（及川信一郎）

２章のまとめ

◇企業は経営リスクの評価において、従来の「自然災害・事故」や「人材の確保・育成」などと並んで「サイバーリスク」を位置づけ、サイバーインシデントの発生確率を抑えたり、影響度を軽減したりする施策を講じるべきである。
◇企業の存続を危うくする最悪のケースを想定し、シナリオ型のシミュレーションをすることは有効だ。
◇失っても、あるいは侵害を受けても構わないデータ、システム、事業報告内容を把握する必要がある。さらにサイバーリスクを軽減するための基本的な防御と高度な防御への投資配分、特定のサイバーリスクの軽減やリスク移転に役立つ利用可能なオプション、リスク許容範囲の定義付けが必要になる。
◇サイバーインシデント発生時、的確に初動チームを組成するコーディネーターとしてのインシデントレスポンスマネジャー（IRM）の確保がとても重要である。現実的には内製化は非常に難しく、外部専門家の登用が現実的である。
◇データの生成・格納場所は、データセンターから店舗・工場などあらゆる場所に分散している。ゼロトラストは、この事態を前提として考案された概念である。
◇多くの技術領域で性善説の時代はすでに終わりを告げており、ハードウェアの世界でも性悪説を前提とした対応が必要になりつつある。

第3章

脅威の監視・分析やトレーニングの重要性

1 サイバーリスク管理における取締役の役割

1-1 ランサムウェアの脅威について

昨今、サイバーの脅威は組織の規模を問わず、大企業から中小企業まで、また企業にとどまらず病院や学校などの公共性の高い機関、さらに地方公共団体から中央官庁にまで及んでいる。一般的なオフィスはもとより、製造業の工場、電力や産業プラントなどの重要インフラ施設まで、サイバーの脅威は共通の問題となっている。

主に海外に居住し拠点を持つ攻撃者、英語でThreat Actorと呼ばれる集団は、金銭を目的としてサイバー攻撃を行うが、以前は個人情報（英語でPersonal Identifiable Informationと呼ばれる）やクレジットカード、銀行口座情報などの金融情報を奪取し、これをインターネット上の闇市場で転売することで収入を得る形態が多数を占めていた。

したがって、個人情報を多く持たない組織や金融情報に関連のない組織は、サイバーセキュリティ対策はほどほどでよいという考えが支配的であった。現在では、そうした認識を改める必要がある。なぜなら、ランサムウェアによる攻撃が急増しているからである。

ランサムウェアは以前から存在しているマルウェアの一種であり、データやアプリケーションを暗号化してIT利用を妨げ、「元に戻してほしければ身代金を支払え」と脅迫する攻撃手法として使われる。ここ数年は暗号化するだけでなく、同時期に送り込まれるマルウェアで個人情報や組織の機密情報を奪取し、これをインターネット上で公開する、あるいは他の犯罪組織、さらには競合他社やメディアに転売すると脅迫する。暗号化したデータやアプリケーションの復号化と合わせて、身代金を支払えと脅迫するような攻撃が増加している。

欧米ではDouble Extortion、二重脅迫と呼ばれている。このような攻撃ではITを利用不能にされることとともに、個人情報を持たずとも何らかの機密情報が公開されたり、転売されたりすることで組織に一定のダメージを与えることが想定される。組織の規模が小さいことや個人情報を持っていないなどの理由でサイバーセキュリティ対策を行わなくてよい、との理屈が通用しなくなったのである。

1-2 個人情報保護法

日本では個人情報保護法が改正され、個人情報の被害について報告義務が強化された。悪意ある攻撃が想定されるような場合は、その対象個人情報数によらず報告義務が課されている。また、漏洩ではなくとも滅失や毀損の恐れがある場合、これはランサムウェアによる被害が想定されているが、その場合も報告義務が課されることになった。

一方、米国ではCyber Incident Reporting For Critical Infrastructure Act of 2022が制度化され、サイバー被害の報告義務がさらに強化された。米国に拠点のある一部の日本企業も対象組織になり得ると見られ、米国国防総省がCybersecurity Maturity Model Certification（CMMC）なる運用を取引先に要求している。すでにガイドラインとして施行されているNISTの要求事項SP800-171と連動し、米国国防総省と契約する企業に連なるサプライチェーンに介在する組織には適用となる。言うまでもなく、欧州市民の個人情報などプライバシーデータを保護する目的のGDPRも含め、各国のサイバーセキュリティ法制度が日本の組織にも影響するようになってきた。

1-3 取締役の責任について

このような環境の下、組織のトップや取締役はランサムウェアに代表されるサイバー脅威に対処する責任があり、米国では株式市場に上場している企業や重要インフラの組織のトップの責任を明記した法制度が順次導入されている。また、個人情報漏洩が発生した場合には、被害に遭った個人からの集団訴訟でも、組織のトップの責任が追及されている。日本でも組織のサイバーセキュリティ対策強化を目的とした法制度の強化が加速しており、その責任が重視されつつある。

それでは、組織のトップや取締役はその責任をどう果たしていけばよいのか。その際、経団連が発行している経団連サイバーリスクハンドブックが参考になり、本書でも各所で参照している。まず、ハンドブックには米国の非上場企業のインタビュー結果が掲載されているが、米国では企業の取締役会が定期的にサイバーセキュリティリスクについて議論はしている。しかし、その取締役会自体が高いレベルのセキュリティ知識を有しているわけではないことが課題とされる。

米国では、チーフセキュリティオフィサー（Chief Security Officer、Chief Information Security Officerという言葉も存在するが、サイバーリスクは情報資産にとどまらないため、現在はInformationを抜いて使われることが多い）と呼ばれるサイバーセキュリティを担当する取締役が存在する。ちなみに「Fortune 1000」に該当する企業のほとんどは、CSOのポジションが置かれているとも言われている。そのポジションにセキュリティの専門人材を持ってくる、あるいは取締役会にセキュリティの専門家の知見を取り入れる、という動きも、昨今ではかなり大きくなってきている。

一方で、「すべての取締役会がそのような専門人材を置く必要があるのか」という議論もなされているようである。それは当然のことで、世の中には多数のリスクがあって、サイバーセキュリティだけを特別に考え、人材を確保するということが偏った考えだと認識される業界や組織もあるだろう。

日本企業の取締役会は専門人材なしで対処を

日本での対応を考えた場合、実はセキュリティの専門家を取締役会に取り入れるかどうかは、あまり意味のない話である。日本は専門人材が非常に少なく、取締役に専門人材を登用することは現実的にほぼ不可能と考えた方がよい。したがって、取締役会は専門人材なしで対処せざるを得ないことを認識しなければならない。そのような状況を前提に、取締役が何を理解しておくべきかという話が焦点になる。

まず、取締役は脅威の概要について認識しなければならない。サイバーインシデントについてはすでにさまざまな報道がなされ、情報を入手することは難しくはないが、主要な攻撃パターンを理解する必要がある。認識しておくべき脅威として第一に挙げられるのは、自組織に重大な被害をもたらす可能性のある身代金を要求するランサムウェアについて、金銭目的の脅迫とともに行われる情報奪取とデータ暗号化についてである。これらはランサムウェアと付随する、一連のマルウェアと言えよう。その攻撃プロセスに関する理解、すなわち情報奪取を狙うマルウェアが組織内に侵入する経路、侵入後の活動と情報奪取、さらにランサムウェアの侵入とデータやアプリケーションの暗号化についてである。

一般的には、従業員が不用意に不審なメールの添付ファイルをクリックしたり、あるいはメール本文中のリンクをクリックしたりして、当該従業員のPCにマルウェアが入ってくると理解されている。したがって、役職員向けのサイバーセキュリティ教育でも、不審なメールへの対処に力点が置かれていることが多い。その理解は正しいが、実は侵入ルートはそれだけではない。

ネットワークにつながる機器の見極め

会社などの組織のネットワーク（Local Area Network：LANと呼ばれる）の中には、さまざまな機器が設置されている。具体的には業務でアクセスするサーバー、データベース、役職員のPCやスマートフォンなどの利用者端末(セキュリティ業界ではエンドポイントと呼ばれる)、さらにそれらの通信を中継するスイッチ、ルーターなどの通信機器などが存在する。その一部はインターネットに公開されている、すなわちインターネット上からアクセス可能となっている。例えば組織のホームページが格納されているWebサーバーは、インターネットに公開されている必要がある機器となっている。

組織内の機器がインターネットとつながる必要があるか、そうではないかをしっかりと見極め、組織として公開すべきものは公開され、そうでないものは公開されていないことが重要である。

ポートを管理することの重要性

少し技術的な話になるが、そのような機器には必ずポートというものが存在する。ポートは受け口であり、このポートが組織の外、つまりインターネット上にある他の機器のポートと通信を行うことになる。ポートはインターネット通信のプロトコル（仕様）に沿って多数の種類が存在するが、ポートが厳密に管理されていること、すなわち公開すべき種類のポートは公開され、そうでないポートは公開されず閉められていることが重要である。閉めているはずのポートが開いていると、そこから侵入される可能性が生じる。

ポートにはIDとパスワードで認証して、アクセスを許可する機能が設定されている場合もあるが、認証がいい加減な状態で放置されているケースが散見される。機器を購入したときに工場出荷時の初期状態、例えばパスワードは“password”となっていてそのまま利用しているとか、当該機器を設置したときに、技術者が仮設定した認証がそのままになっているなど、こうした事例は非常に多く、そのような認証は簡単に侵入を許す結果となる。

認証の突破は3つぐらいのパターンに分類され、“password”のように頻繁に見られる単語を推測して複数試行で当てられて侵入される場合、桁数が少ないために総当たり試行（攻撃者はコンピューターで自動試行する）によって当てられて侵入される場合、さらにインターネット上の闇市場で販売されている認証情報（実際に使われているIDとパスワードが販売されている）が購入され、これを使って侵入される場合である。

クラウドサービスのアカウントも狙われる

現在インターネット上につながっている、言い換えればインターネットに公開されている、あるいは接続することができる機器すべてとその機器の状態を、世界中からかき集めるような検索エンジンは有償・無償で多数存在する。それらをかき集めるのにかかる時間も、数日と言われている。一部の犯罪者はそのような情報を収集し、前述した通り推測や総当たりで認証情報を突破してくる。

また、犯罪者は自ら認証突破に挑戦しなくとも、闇市場で認証情報を買うことで攻撃すべき機器と認証情報が入手可能となる。自分たちの組織が有名でないから、あるいは大企業ではないから大丈夫だろうという考えがある。しかし、インターネットにつながる機器をすべて検索し、脆弱なものを見つけて攻撃することが一般化されているため、組織の知名度に関係なく脅威は存在していると認識すべきである。

同様に、機器がそのような形で侵入されるのであれば、最近多くの組織で使われているクラウドサービスのアカウント、例えばマイクロソフトのOffice365、One Drive、アマゾンのAWSなどもIDとパスワードの認証であるので、同じように侵入されるリスクがあることを理解しなければならない。

実際にセキュリティ運用の現場で、不正な通信の宛先を調査していくと、海外の怪しげなサーバーではなく、有名なクラウドサービス会社のアカウントであったり、有名なIT会社のレンタルサーバーであったりすることは非常に多い。いったん侵入されると攻撃者はマルウェアを使い、さらにさまざまな機能のマルウェアを送り込み、より高いアクセス権限、特権IDを求めて探索する。高いアクセス権限や特権IDが狙われる理由には、以下のようなものがある。

○重要な情報の奪取を狙うとともに、特権IDを奪取することによって、データを一括奪取するような特殊な操作を獲得できるから

○アプリケーションの設定情報にアクセスすることで、さまざまな仕組みを密に設定して継続して情報を奪取することができるから

○ランサムウェアによる攻撃を念頭にしている場合には、データだけではなくアプリケーションも含め暗号化するか破壊することにより、速やかにシステム全体を利用不能にすることができるから

また、ランサムウェア攻撃への対処としては、「バックアップがあればよい」という考え方がある。しかし、アプリケーション自体が使えなくなった場合、通常のバックアップからすべてを短期間に復元することは難しい。データの復元には相当の時間を要し、後述するBCPの課題につながるものである。さらにつけ加えれば、ランサムウェアによる暗号化速度は非常に速く、攻撃されていることがわかった時点で、対処が間に合わないことも認識しておく必要がある。

1-4　ランサムウェアによる被害と身代金について

トップが理解しておくべき事項

ここで、ランサムウェアによる被害と身代金について考えてみる。これは組織のトップや取締役が理解しておくべき重要事項だ。攻撃を受けてしまったとき（業界用語でインシデントと呼ばれる）の損害額は大きく、その拡大を回避するために、あえて身代金を払うか払わないかの話である。払わないでシステムを復旧をした場合、実は数か月からさらに多くの日数、あるいは数十億円というような費用がかかる場合があることも知っておく必要がある。だからと言って、払った方がよいと言っているわけではない。

欧米では、大企業はサイバー保険に加入して保険適用範囲を広げたり、保険金額を増やしたり特約をつけたりしてサイバーリスクを回避しているが、この

復旧費用をカバーする目的であることが多い。欧米のサイバー保険は巨額の復旧費用までカバーしてくれ、ランサムウェアで止まったアプリケーションにより発生した損失や売上の喪失までカバーする特約もあり、サイバー保険に対する需要が非常に急増したと言われている。

ランサムウェア被害は対岸の火事ではない

ランサムウェア被害について三井物産セキュアディレクションが調査したところ、限られた期間のサンプル調査だったが、圧倒的に米国が多く、英語圏に集中していることがわかった。日本は全世界における被害件数の数%程度であり、あくまでも同社の調査の範囲内では、日本は比較的平和とも言える。一方でインターネット上に、「現在、ランサムウェアで攻撃中。身代金の要求をしているところだ」と攻撃者が公開した日本企業のリストを見ると、多くの東証一部上場企業が並んでいた時期がある。

大企業に被害が続いていると言えるが、特に被害が発生するのは日本本社ではなく海外現地法人、中でも米国を中心とした英語圏の現地法人となっている。日本企業の被害は全体の数%と言えど、あまり安心はできないだろう。日本企業も欧米のサイバー保険に加入したり、その検討を行っていたりすることはよく耳にする。

また、そのようなサイバー保険に加入するハードルは非常に高くなってきており、以前のように簡単には加入できなくなっている。それは被害が多く、保険金支払が多くなり過ぎてサイバー保険が赤字になったことの証左であり、保険会社が事業の見直しに入ったことを示している。新規加入を実質止めていることもあれば、かなり高レベルのセキュリティ対策を講じていないと加入を認めない、というような時代になっていることを認識しなければならない。

保険業界のプロフェッショナルが、「あなたがサイバー保険を購入する時代から、あなたのサイバーリスクを保険会社に買ってもらえるかどうかという時代になっています」という衝撃的な言葉で警鐘を鳴らしていたことは、日本の組織にとって不都合な真実と言える。

一方、米国政府は、サイバー保険に加入していることで身代金が簡単に支払われることを問題と考え、また自身の政策との整合性の問題もあり、攻撃者が米国の経済制裁対象であった場合には、身代金の支払いは経済制裁関連法に違反することになると表明している。違反の対象者は身代金を支払った者だけではなく、保険会社、調査し支払をサポートしたセキュリティ会社まで対象にしている。米国の身代金支払アドバイスを行うセキュリティ会社は、攻撃者が経済制裁対象者かどうかまで確認しており、身代金を支払うにしても、欧米のプロの意見を聞く必要があることも知っておくべき知識となる。

1-5　取締役が理解しておくべき２つ目の脅威

取締役が理解しておくべき脅威の2つ目として、国家による諜報活動が挙げられる。ウクライナ侵攻においてサイバー戦争という部分がクローズアップされてきているが、物理的な戦争が起きないとサイバー戦争が起きないわけではない。物理的な戦争が起きるずっと以前から、サイバー戦争は発生している。

2017年には、ウクライナで非常に凶悪なサイバー事件が発生している。身代金要求のための暗号化ではなく、単なる破壊を目的として暗号化を実行するマルウェアはワイパーと呼ばれており、ウクライナでの事件は「NotPetya」と呼ばれるワイパーによる攻撃であった。同国では、多くの組織でデータが暗号化されて使えなくなった。当初は身代金要求と考えられたが、身代金の要求は来なかった。ランサムウェアと思われるコードを解析すると、実は破壊するだけのものであることが判明した。

この攻撃についてセキュリティ業界では、国家による攻撃だったと考えられている。国家は身代金を要求しない、また国家は一般的な組織を狙わないと考えられているが、国家がある目的のためにばらまいたワイパーが少しずつ広がり、攻撃対象ではない自組織が流れ弾に当たる形で被害に遭う可能性があることを想定しておきたい。このような脅威に組織のトップや取締役としてどう備えておけばよいかであるが、やはり脅威が自分たちの組織に侵入してくる経路と、その後の活動に関するおおよその知識を持っておくことが求められる。

ちなみにこのNotPetyaは、当時の人々の理解を上回る侵入経路であった。ウクライナで普及している会計ソフトウェアの定期アップデートに攻撃者のマルウェアが侵入しており、知らずに自動アップデートが適用された当該会計ソフトウェアの利用者は、自身の組織内にマルウェアが侵入していた。マルウェアが組織内で活動しながら、ワイパーであるNotPetyaをダウンロードして連れてくることになり、データが破壊されることになった。

以上の流れを考えれば、会計ソフトウェアの提供元企業のネットワークの特権IDが攻撃者に奪取されており、さまざまなテクニックで検知手段をかいくぐり、アップデートのコードに不正なコードが送り込まれていたと考えられる。

国家が行う攻撃の場合、豊富な予算から非常に高度なマルウェアを構築できるとともに、対象国に広く被害を与えようとする場合、普及しているソフトウェアやサービスが侵入対象となることがある。これは、ソフトウェアにおけるサプライチェーンのセキュリティリスクである。その後、米国でマイクロソフトのExchangeサーバー（オンプレミスで組織員のメールアカウントとメールを管理するソフトウェア、クラウドのoffice365が普及する以前はほとんどの組織が導入していた）が侵入されていることが明らかになり、世界的な騒ぎとなった事件につながっていく。

1-6 取締役がとるべき対策とは

守るべき資産の明確化

組織のトップや取締役は上記のような2種類の脅威に対し、有効なセキュリティ対策についてどこまで理解し、責任を持つべきなのであろうか。まずは、守るべき資産とそうでない資産を明確にすることである。そうでない資産など組織内には存在しない、と思われるかもしれないが、有事に捨てても何とかなる資産とも言える。そのような取捨選択の判断は組織のトップや取締役にしかできず、従業員やIT部門長に決めてもらうわけにはいかないのである。さらに、守るべき資産に対して行うべき対策について、その概要と方向性だけは理解しておくべきであろう。

図3-1に、人間の健康維持とサイバー対策を比較して示した。この例えは、異なる世界を比較する素人の試みとも言えるが、考え方を理解する上では有効であり、セキュリティ業界では使われているものである。人間の身体にウイルスや病原菌が侵入することに対処するのも、組織内にコンピューターウイルスやワームなどのマルウェアが侵入するのも、予防、鍛錬、処置という3つが重要であるという考えである。

予防とは、人間の身体を健康な状態、整った状態に保つのと同じく、きちんと管理された“きれいな”IT環境に整えるということである。鍛錬するとい

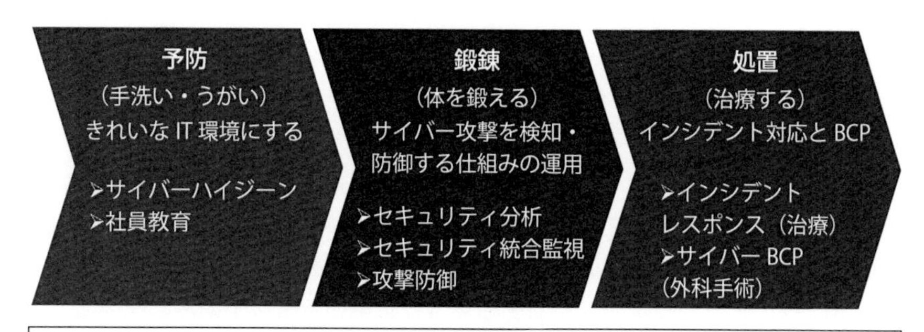

図3-1　サイバーセキュリティ対策計画・実行のひな型

うのは、侵入しようとするウイルスや病原菌を人間の身体が探知して撃退する活動と同様に、侵入してくる脅威やマルウェアを検知して防ぐことである。そして処置とは、残念ながら病気になったときに病院で治療するのと同様に、情報が奪取されそうだ・されてしまった、データやアプリケーションが暗号化されそうだ・されてしまったというインシデント発生時に、どのように対処して被害の拡大を防ぎ、元の健全な状態に戻るのかということである。

この3つの中で一番大事なのは、人間の健康と同様に鍛錬する、攻撃を検知して防御するという活動である。ただし、それは簡単なことではないことを理解しておかなければならない。セキュリティ製品やそのクラウドサービスを購入して設定すれば自動的に検知してくれる、ある程度遮断してくると考えている人が多い。ウィルス対策ソフトやIntrusion Prevention System（IPS、不正侵入防止システム）のような技術を想定しているからであろう。

しかし、現実には例として、マルウェアから攻撃者が操るインターネット上のサーバー（セキュリティ業界ではCommand and Control（C&C）サーバーと呼ばれる）への通信を組織のゲートウェアで検知したとしても、そのマルウェアが組織内のどのデバイスに存在しているのか即座に探知するためにはそれなりの資産管理（組織内のデバイスをすべて把握していること）、すなわちすべてのデバイスにはエンドポイント製品（セキュリティ業界ではEndpoint

Detection & Response、EDR製品と呼ばれる）がインストールされ、通常のIT人材では簡単に使いこなせない当該製品を使いこなす体制ができていること、自動駆除に頼ることなく、リモートで専門家がデバイス内のマルウェアを駆除する体制が構築されていることが要求される。さらに、高度なマルウェアはEDRほかさまざまな検知ソリューションを回避するので、経験を積んだセキュリティ技術者の腕に頼る必要もある。まとめると理想的な検知と駆除には、**図3-2**のような作業を常時行えるような体制が不可欠である。

ランサムウェアやマルウェアが会社の中に入ってくる。不審メールを誰かがクリックしてメールから入ってくるかもしれないし、外部公開されている機器の開いているポートから入ってくるかもしれない。したがって、さまざまな場所やインターネットとのゲートウェイ、PC、サーバーなどの通信や操作履歴がモニタリングされているべきである。さらにアカウントが奪われるため、ユーザーアカウントや特権ユーザーアカウントの挙動、そこから社内アプリケーションやクラウドサービスへのアクセスの挙動のモニタリングを欠かさないようにしたい。

そのようなモニタリングを行うことでマルウェアの動作を検知し、それに対処することができる。組織の内部をモニタリングするのである。マルウェアやランサムウェアの活動を見つけ出すためのモニタリングであるが、同時に内部犯行、自組織内の従業員や業務委託契約などで正当に自組織において活動する人間の、一部による不正な作業も見つけ出すことができる点に着目すべきである。そのようなモニタリングには、市販されているさまざまな製品やサービスを利用することで効率化が可能になる。

しかし、セキュリティ製品やクラウドサービスで謳われているような、「人工知能（AI）が搭載されていて自動で検知します」というような売り文句については注意が必要であろう。自動検知能力は限定的であり、モニタリングは経験を積んだ人材が必須である事実を理解しなければならない。さらに言えば、優秀なセキュリティ製品やそのクラウドサービスは優秀であればあるほど、非常にプロフェッショナルなセキュリティ技術者が使わないとその能力を発揮できない。つまり、高度な製品やサービスを買うのであれば、高度な人材の確保は必須だ。

<table>
<tr><td>エンド
デバイス</td><td>○Anti-Virusソフトによる防御
○EDR（Endpoint Detection & Response）による検知と駆除
○データ流出防止（Data Loss Prevention）
○セキュリティパッチ評価・適用
○詐欺メール通知・収集・対処システム</td><td rowspan="4">運用：
365日の統合ログ監視・アラート対応＝スレットハンティング</td></tr>
<tr><td>ネット
ワーク</td><td>○IDS/IPSによる侵入検知
○Web Proxyによるアクセス制御、ログ分析
○Sandboxによるマルウェア検知
○不審・悪性メールの遮断・報告基盤</td></tr>
<tr><td>サーバー</td><td>○Anti-Virusによる防御
○EDRによる検知と駆除
○アクセスログ取得とリアルタイム分析</td></tr>
<tr><td>クラウド</td><td>○アクセス制御（ゼロトラスト）
○IDの不正利用監視（UEBA）
○アクセスログ取得とリアルタイム分析</td></tr>
</table>

図3-2　セキュリティ監視・防御

SOCとスレットハンティング

高度な人材が24時間監視する組織を欧米ではSOC（ソック）と呼んでいるが、自組織で自らSOCをつくるのか、あるいはセキュリティの専門会社にSOCを委託するかの決断が重要になってくる。このSOCでモニタリングすることは、欧米ではスレットハンティング（Threat Hunting）と呼ばれている。従来のインターネット境界に設置されたファイヤーウォールや、IPSのアラートを監視する監視サービスのSOCとは、中身と高度さが異なるため注意したい。

それでは自身の組織でSOCの運用ができるか、そのような専門人材が社内にいるか、採用できるかと考えると、日本の組織ではなかなか難しいと考えられる。

米国の大企業や政府組織は自らSOCをつくって運用し（In house SOCと呼ばれる）、高度なレベルを維持している組織も多い。その理由は、米国の軍隊には強力で巨大な諜報組織が複数存在して活動しており、そこで働く軍人はサイバーセキュリティの専門人材として教育されている。そのような軍人が軍隊を退役後民間組織のCSOやSOCの長に就任し、自らの経験から正しくセキュリティ体制を構築し、必要な人材をきちんと確保して教育することができるからである。

そのような仕組みができ上がっている国は、米国以外にも存在する。とは言うものの、三井物産セキュアディレクションが1年をかけて米国組織を調査した結果では、米国でも自前のSOCをしっかり運用できている組織は多くなく、大手金融機関や軍需産業、連邦政府、IT大手など一部に限られ、一般的な大企業は自前SOCに挑戦しているが道半ばであったり、部分的にセキュリティ会社のSOCに委託していたりする場合が多い。さらに中小企業では、従来からあるあまり高度なレベルではない監視サービスに依存している場合も多いようであった。IT人材が豊富な米国でも、やはりセキュリティ人材は不足していると言ってよい。

シリコンバレー在住でセキュリティ業界で働くある米国人は、「シリコンバレーに優秀なSOCを持つ企業は少ない。イノベーションの中心地なのにこの状況は笑える」と言っていた。これが、まさに米国の現実である。まして日本は、さらにIT人材もセキュリティ人材も少ない国であり、前述した鍛錬する、すなわち監視して遮断する、駆除するという活動を自前でできるのか、SOCをつくれるのかについてはかなり難しい話になる。したがって、そこに行き着く前に何とかしようと考える必要が生じてくる。

2 サイバーハイジーンと取締役に求められるリーダーシップ

2-1 予防について

予防はセキュリティ業界でサイバーハイジーン（Cyber Hygiene）とも呼ばれているが、組織のトップ、取締役として非常に注目しておくべき分野と言える。組織内のIT環境を健全な状態に保ち、それらを利用するユーザーである従業員に正しく利用させる、セキュリティ意識を洗練された状態に保つことである。まず、組織内に存在しているデバイスやPCなどのエンドポイントからサーバー、さらにネットワーク機器や外部とのアクセス機器（VPN関連が重要）がIT部署でしっかりと把握され管理されていること、知らないデバイスがない状態にすることである。

さらに、そのようなデバイスの中のソフトウェアも、IT部署が把握しているものしか存在しないこと、すなわち従業員が勝手にダウンロードしたものがないことが肝要である。このため許可のないダウンロードを検知する仕組みの構築と、従業員教育の両方が必要となる。

存在するソフトウェアがしっかりと把握され管理されていれば、そのアップデート、すなわちセキュリティパッチの適用管理も確実に行うことができる。加えて、機器やソフトウェアの管理者権限がきちんと管理されることでデバイスやソフトウェアの設定管理も厳密に行うことができるので、侵入ルートを徹底的に塞ぐことにつながるわけである。

このような資産の管理は防御に非常に有効であると言われているが、セキュリティ人材がいなくても通常のIT人材で行うことが可能である。したがって構築が難しい鍛錬の仕組みに踏み出して停滞するよりも、予防から着手して実効性を上げていく。そうした判断が、組織のトップおよび取締役の腕の見せどころと言える。予防はIT部署では日々の活動であるが、内部監査などにおいても重視する項目に含め、組織内の部署ごとに定期的に少なくとも年1回は、組織のトップや取締役に報告される体制をつくるべきであろう。

2-2 インシデントが発生した場合の処置

組織のトップや取締役のリーダーシップが最も発揮されるのは、実はインシデントが発生したときの処置となる。それは専門知識の有無の問題ではなく、組織のトップや取締役の振舞が非常に重要になるからである。特にランサムウェアのインシデントが発生した際に起きる事象について説明しながら、組織のトップと取締役の責任について考えたい。

過去の事例として、欧州にあるアルミニウム精錬・製品製造とエネルギーに従事する世界的企業で発生した事件がある。ランサムウェアの被害に遭い、多数のITシステムを止めることになり、アルミニウムの精錬から製造にも影響が出るに及んだ。製造工場における物理的な操業は機械的作業、手作業、物理現象の集合体であり、そのプロセスに関連するITは限定的であるため一部で操業を継続した。しかし、さまざまな管理はITに依存しており、それが使えなくなったため人力で対応したという話である。

顧客とのコミュニケーションについては、会社のメールは使えなくなったので、最終的には紙やファクシミリですべて対応していったようである。そのようなアナログな手動操作や対応に強かったのは、古くからいる高齢の社員たちだったとも言われている。

この事件で明らかになった2つの重要な事実がある。まず、ランサムウェアで暗号化されたアプリケーションやITシステムは利用できなくなるが、それ以上に被害拡大を防ぐため、被害に遭っていないアプリケーションやITシステムを無傷状態のまま維持するために、被害組織自らが稼働しているアプリケーションやITシステムを停止させる。そして、組織のネットワークから切り離す決断をして、速やかに実行する必要があった。

2つ目は、ランサムウェアがいなくなったことを確認してアプリケーションやITシステムを復旧させたが、巨大な組織の場合にランサムウェアがいなくなったと誰が判断して責任をとるかという問題である。残っていた場合は再度感染が広がり、2回目の被害に遭うことになるため、この責任は重大であった。手順をつくって確認し、アプリケーションやITシステムを一つひとつ主導で復旧させていったのである。

当該企業は大きな損害を被り、一部操業停止で機会利益の喪失もあり、かつ

1か月決算発表を延期している。決算発表を延期せざるを得なくなることは、組織のトップや取締役が認識しておく内容であり、日本の上場会社が決算発表を延期するには複雑な手続きが必要になることにも留意しておかなければならない。一方、当該企業はタイムリーな対外発表と対処に、市場から高評価を受けたと言われている。この事例を考えると、処置すなわちインシデントへの対応、特にランサムウェアインシデントへの対応はあらかじめ検討して予習しておく必要があると考えられる。

2-3 サイバーBCPについて

下記にBCPのサイバーセキュリティ版として、そのひな型を**図3-3**のようにまとめている。

組織内のサイバーセキュリティ部署は、もう少し軽微なインシデントには普

サイバーBCP関係者	被害発生時の役割
IT	○被害を受けていないデバイス・アプリケーションのネットワークからの切り離し ○代替手段（メール・SNSなど）の社内への提供 ○バックアップされているデータやアプリケーションからの復元可否判断 ○取引先SIベンダー、クラウドサービス会社との連携 ○セキュリティ専門人材（Incident Responder）への委託 ○マルウェア・ランサムウェアの追跡、駆除 ○復旧判定 ○デバイス・アプリケーションのネットワークへのつなぎ戻し
法務部	○関係機関への報告、刑事告発 ○身代金支払い可否の判断 ○払う場合は交渉専門セキュリティ会社（米国企業）との契約
CFO部門	○資金決済への影響回避 ○ERP停止時の対応 ○決算延期可否判断と延期の場合の対応（関東財務局）
広報部	○メディア対応 ○ホームページ代替手段起動(SNS)
人事部	○社員勤務体系変更

図3-3　処置の対策・実行例

段から対応しており、検出から管理、復旧までを行っている。そのような部署は、業界ではCSIRT（Computer Security Incident Response Team）と呼ばれている。一部のCSIRTは特殊なサービス、ダークネットやダークウェブ、犯罪者が跋扈（ばっこ）する闇のインターネット上から集められた脅威情報を収集し、どのような脅威が増大しているのか、自組織がターゲットになっていないかを調査している。そのような活動は平時の活動である。

一方、大きなランサムウェアの被害が発生したときには有事の活動が必要であり、予習演習すなわちサイバーBCPが必要となる。三井物産セキュアディレクションは早くからサイバーBCPを提唱してきたが、実際にサイバーBCPを構築するだけでなく、演習や訓練を行っている企業も存在する。

サイバーBCPで重要なことは、関連する部署がIT部署やサイバーセキュリティのCSIRTだけではなく、法務部、財務や経理などのCFO部門、広報部やInvestor Relation（IR）部、人事部など広範囲に及ぶことである。CFO部門を巻き込む必要があるのは、上場企業における適時開示の問題、また決算発表延期に関わる問題があるためである。さらに財務経理システムに被害が及んだ場合には、資金移動の問題が発生し得る。また人事部が重要なのは、ITが利用不能な状態で、従業員の出勤体制を再構築しなければならないからである。

2-4 事業継続に向けた代替コミュニケーション手段

それでは、具体的な打ち手とはどのようなものであろうか。一番大事な行動は、被害を受けていない機器やネットワーク、アプリケーション、ITシステム、あるいはクラウドサービスも含まれるが、それらをネットワークから切り離すことである。これ以上は被害が拡大しないように、まず対処する。ただし、その対処によって実はサイバーBCP発動事態に陥ってしまう。主要なITが動かず、事業が継続できなくなるのである。ランサムウェアにやられたと気づいたとき、会社全体の業務が止まるほどやられていない場合が多いが、被害が広がらないように手を打ったことによって、事業継続が困難な事態を招くということである。

そのような事態に備えておくためには、まずコミュニケーションの代替手段を用意したい。会社用のメールが使えなくなり、社内も社外ともコミュニケーションができなくなる。こうした事態に対処する方法として、紙・ファクシミりのコミュニケーションもあり得るが、有事に備えて必要な従業員分のGmailなどクラウドのメールアカウントをうまく開設して速やかに使う、あるいは平時から開設して備えておくという対処が推奨される。

また、広報部やIR部が市場やメディアとコミュニケーションしようとしても、組織のホームページが使えなくなっている場合が想定される。その代替手段はFacebookやTwitterなどのSNSであり、平時から会社の公式SNSアカウントを維持しておくことも有効な手段である。

2-5 復旧について

次に、復旧に向けての作業の話に進みたい。バックアップされているデータやアプリケーションがどうなっているのか、どれくらいの期間で復旧できるのかという見積りが重要になる。つまり、復旧可否の判断である。自組織のIT技術者で単独復旧できる組織は大丈夫だが、そうでなければ取引先のシステムインテグレーターに連絡して対処してもらわなければならない。したがって、BCPに取引先システムインテグレーターも参画させることが求められる。

また、クラウドに置かれているデータが被害を受けている場合は、クラウド会社とのやり取りも必要となる。実際に復旧判定を行うためには、侵入してきたランサムウェアやマルウェアがすべて居なくなったのかの確認は欠かせない。前述の予防で解説したように、組織内にある機器やソフトウェアをすべて把握できていることが非常に大事である。組織内に把握していない機器があれば、そこにランサムウェアが残っていて、復旧させたらまた被害が起きるということがあり得るためだ。

そして当然ながら、セキュリティの専門人材が必要になる。しかし専門人材を投入にしても、復旧判定は最低でも2週間ぐらいはかかると考えた方がよい。判定を行った上で、順次機器やネットワーク、アプリケーションやITシステムをつなぎ戻す。一気にはいかないのである。

また、法務部の仕事としては関係機関への報告、さらに刑事告発を行うべきであろう。もちろん攻撃者は海外にいる場合が多く、日本の司法当局が追及できるわけではないが、良き市民としての行動であるとともに、法律により義務化されつつある。

さらにランサムウェアによる攻撃を受け、身代金の問題が出てきたときには、法務部が前面に立つことが必要である。被害が欧米の現地法人に及んだ場合には、各地域の法対応、個人情報流出が伴うときは当局からの処分や民事訴訟の対応にも迫られる。財務会計システムを司るERPが被害を受けた場合は、決算延期につながることからCFO部門と法務部が連携して対処する。

このような一連の流れを考えると、やはり事前に綿密なシナリオに基づくプランであるサイバーBCPを立てて、訓練しておく重要性に気づくだろう。このサイバーBCPは事件が発生したとき、事態が起きたときにどう振る舞うかというシミュレーションであるが、平時に手を打っておくことが重要である。IT予算の問題もあるが、例えばネットワークのセグメント化である。

ネットワークがセグメント化されていて行き来が限定されていれば、攻撃を受けたネットワークだけを止めて、それ以外は止める必要がなくなる。そのようなネットワーク設計のやり直しも一つの考え方である。

また、重要度については、攻撃を受けてから復旧までの緊急性の高いアプリケーションとデータ、例えばERPについてのバックアップの方法は、他の重要度が中程度で、緊急度も低いものとは異なるレベルの技術を使う検討も重要である。欧米ではAir-Gap、Immutableというバックアップの仕組みが登場している。バックアップをいったんとると、当該バックアップは上書きできず変更できない状態になるという技術である。確実に復元できるが、時間経過とともにデータが古い状態に戻ることになり、このバックアップ手法は時系列で複数用意すべきである。

2-6 組織のリーダーシップ

最後に、組織のトップおよび取締役のリーダーシップである。復旧判断や代替手段の選択などは、そのリーダーシップがなければボトムアップで提案されるようなものではなく、まさにトップダウンによる指示が必要な項目と認識したい。そして、有事だけでなく平時においても、有効なサイバーセキュリティ対策には経営のコミットメント、組織のトップ、取締役のコミットメントとリーダーシップによって進めることが非常に重要である。

なぜなら、どこまでお金を使うのか、人を採用して投資するのか、会社全体のリスクとして捉えて、そのフレームワークを決めることが求められるからだ。中間管理職が決められるような事項ではない。そのような重要な決断を組織のトップや取締役が的確に行うためには、知っておくべき知識がある程度存在し、これをきちんと把握・認識することが、高度な対策ができる組織に向かう第一歩となる。

Column

今、求められるセキュリティ対策の見える化

私がサイバーセキュリティについて本格的に学び始めたときに、印象深い講義を受けたことがある。それは、一見するとコンピュータサイエンス、あるいはサイバーセキュリティとは無縁のように思える偉人の話であった。

ケルビン卿は、絶対零度を発見した人である。また、ドラッカーについては説明する必要もないであろうが、2人の科学者は”科学的に”取り組むにあたって、まず最初に考えるべきことは、計測できるものでなければならないということを言っている。これは、極めて重要なことを示唆している（図3-4）。

“計測できなければ
たとえ知識があっても
些末なものに過ぎない

ケルビン卿
物理学者（英）

“管理者は測定できないことを
管理することはできない”

P. F. ドラッカー
経済学者（独）

図3-4　偉人がサイバーセキュリティを学んだ

英語では、「測る」という言葉に“メジャー”と“メトリック”という単語が存在する。メジャーはまさにモノの長さや量を測ることであり、セキュリティコントロールにおいてはアラート数によって計測できるものであるが、メトリックとはその前後で効果の差分を測ることを意味する。

経営者はセキュリティの専門家でなくとも、ITやセキュリティ担当者にどのような対策を講じているか報告させる際に、定性的な対応でなく数値化し、定量化して評価できる目標設定させることが問われる。それにより、以前と比べてどのように変化しているかを測ることが考えられていなければ、効果を測定することはできないことを示している。経営幹部が、経営指標に基づいて事業運営を考えるのと何ら変わらない。

筆者のサイバーセキュリティ対策への理解の下地になっていることだが、認知心理学の分野でアドラーが提唱しているように、「目的論」に立って対策を考えることが重要になってきている（図3-5）。

経営者とITやセキュリティ部門は、本業の事業運営への影響なども考慮しながら、事業継続の観点でどのような目的に向けて行動するかを考えておきたい。それがないと、慌てふためいて対応が後手後手に回ってしまい、悪戯に時間だけが過ぎて事態を悪化させる。それにとどまらず、その間にマスメディアは重要な事実を隠しているという視点で書き立て、自社の評判を落とすことにもなりかねない。

これは、攻撃者にとっては被害企業の恐怖心をかき立て、犯罪心理学的に攻撃者側に優位に事を運ぶのに好都合である。攻撃に使われるツールや、アラートを起点に受動的に防御を考えるのでなく、そもそものあるべき姿を考えて、システムがサイバー攻撃を受けたときにその影響を最小化し、早急に元の状態に戻す仕組みや能力の向上を考えることこそが優先されることを、経営者が意識させる必要がある。

経営幹部が同業の集まりの際に、サイバーリスクについて他社から耳にすることもあるだろう。セキュリティ部門は経営幹部から問われたときに、最新の攻撃に使われているマルウェアはどのセキュリティツールによって検

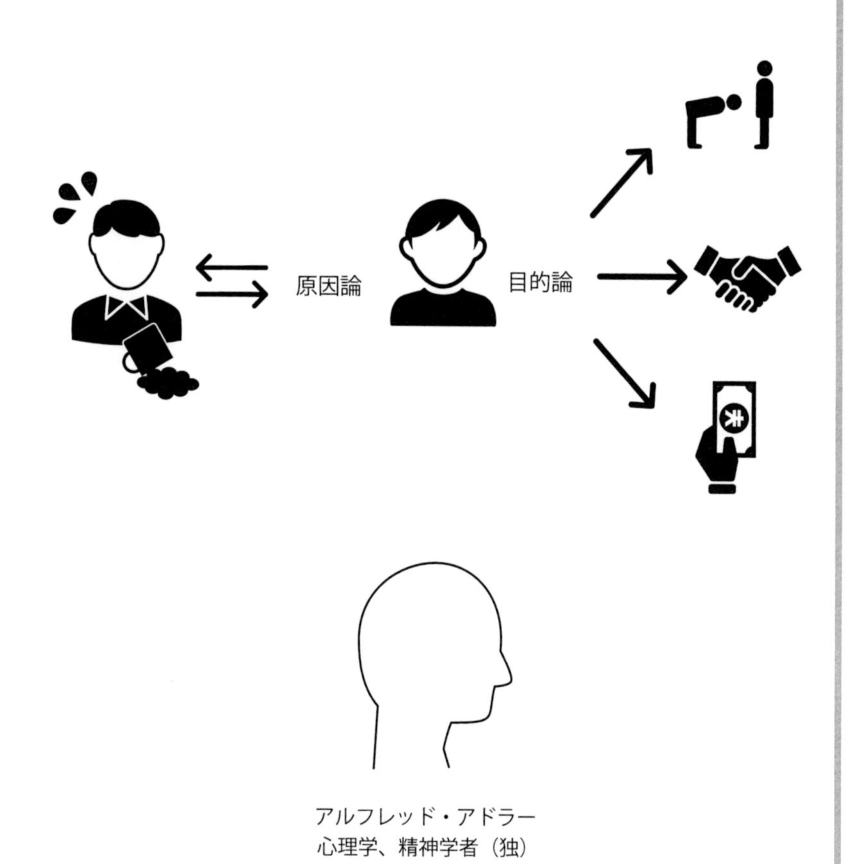

図3-5　アドラーの目的論

知・防御されていると即座に回答できるようでないと、幹部は安心してくれない。あまつさえ、今までの投資が有効なものであったかどうかを確認できなければ、そもそもの投資の必要性に疑義を持たれてしまう。数値化して見える化することが重要であり、経営幹部にとって大いに意味がある。

（岩間優仁）

3 脅威分析や対応策を担う専門組織の設置

3-1 攻撃者の視点からの技術的脆弱性と対策のポイント

サイバーセキュリティ対策の目的

サイバーセキュリティ対策の目的は悪意を持つ者からの攻撃を検知し、防御することにある。一般的な犯罪と同様に、攻撃者は持っている技量と標的の属性に応じて、異なる手段で攻撃を仕掛けてくる。宝石店に押し入り、ショーケースを叩き割って中の貴金属を奪うような荒っぽい攻撃もあれば、標的型攻撃のように時間をかけて巧妙な手法を取る者もいる。

攻撃手法が多様であることから、完全な防御を図るには複数の技術対策をとらざるを得ず、より効果的な対策をとるため企業においては過去十数年にわたり、多重防御の観点でいろいろな最新技術の導入がなされてきた。サイバーセキュリティ対策では、実際のサイバー攻撃に使われるウイルスやマルウェアなどの侵害ツールを迅速に検知し、封じ込めや隔離を行い、顕在化している脅威を排除することを目的に実施されている。このような投資がなぜ必要かについて、攻撃者側が侵入・侵害のためにとる巧みな行動から話を進めていく。

さまざまな攻撃グループによって引き起こされる侵害行為は、実際どのようなステップで行われ、各ステップではどのような攻撃が行われているのだろうか。**図3-6**は、標的型攻撃グループがセキュリティ侵害を行う際の手順を、左から右へ順に追ったものとなっている。

一般の窃盗行為と同様に侵害する相手の情報を偵察目的で収集し、標的となる企業がどのようなOSやアプリケーションを使っているのかを丹念に調べ、対応されず放置されている脆弱性を突いて初期侵入を果たす。初期侵入に使われるのは9割方メールによるものだが、送信メールにマルウェアを仕込んだ添付ファイルを送り、メール本文中にWebサイトへのアクセスを誘うリンクを貼りつけるなどの工夫により、メール受信者を陥れる。

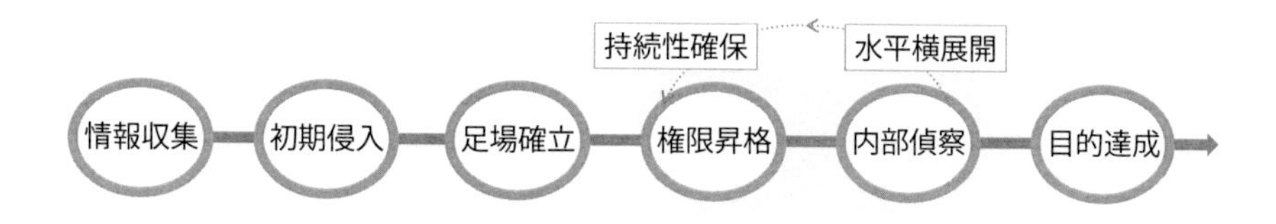

図3-6 セキュリティ侵害の手口

業務上の必要性から、自社のネットワークから外部のURLにアクセスせざるを得ない業種や部署があり、攻撃者は巧妙にアクセス先を偽装したWebサイトを準備したりもする。正規のサイトに広告や興味を引くバナーを貼りつけることで、それをクリックすると別のURLに転送され、マルウェアをダウンロードする「水飲み場攻撃」なども広く使われる手法である。初期侵入では、認証情報を取得するために不特定多数に対してメールを送信する場合もあるし、特定の攻撃目標を陥れる目的で事前に情報収集した上で、ピンポイントにメールを送りつけるなどさまざまな工夫を行っている。

いったん侵入を果たすと、何度でも侵入が簡単にできるよう、窃取した認証情報を活用して足場を固める。侵害した端末を丹念に調べ、その端末にリモートアクセスしているAdmin（管理者）権限などより、高い権限を持つ正規ユーザーを特定する。そして、その権限を奪取してネットワーク内部でさらに横へと偵察行動を繰り返し、ネットワークトポロジーの異なる領域に秘匿された重要サーバーなどを求めて水平展開を行う。できるだけ被害ネットワーク内にとどまり、捜査する時間を長くしようと試みる。そして、最終的に重要情報を持ち出すなど、当初の目的を達成させるのである。

攻撃者から見ると隙だらけの対策

企業のセキュリティ対策には往々にして“抜け”“漏れ”があり、攻撃者目線では十分な対応がとられているとは言えない状況にある。実態調査の結果、せっかくセキュリティ投資をしているにもかかわらず、検知漏れや検知情報の連携不備が顕在化している。それらの原因にはいろいろなケースがある。攻撃者にとっては、おあつらえ向きの侵入経路を提供していたということである。

例えばアラートの相関分析にSIEM（Security Information and Event Management）を導入し、本来TCPで通信していたものを、UDPに変更を余儀なくされた際に、ロードバランサーの設定ミスでUDPを転送しておらず検知してもアラートを送付できなくなっていた事例がある。他にも次世代ファイアウォールの最新OSへアップデートの際、検知機能をオフにしたために、外部へのデータ送信が可能になっていたケースがあった。これらは初期設定の際には機能していたのに、設定変更の際に設定ミスを犯したものである。

また、古い分類カテゴリーのままポリシー設定して使っていたり、ネットワーク監視が部分的にしか実行されていなかったり、メンテナンスや導入前試験のように1回限りの特例で変更設定されたものが放置されている例が見られた。せっかくのセキュリティ対策をデフォルトのままの構成で導入し続けており、実態に合わなくなっているのに放置されていたり、古いSignature（シグネチャー、過去にあったマルウェアや不正アクセスなど攻撃の特徴的なパターン）をそのまま使っていて最新の攻撃を検知できなかったりするケースが存在した。

さらに、Secure Socket Layer（SSL＝インターネット上でデータを暗号化して送受信する仕組み）のインスペクションができておらず素通りになっていたり、ネットワークトラフィックが増大しているにもかかわらずセキュリティ機器のリソースが不足し、機能低下に気づかず運用していたりする事例もあった。攻撃者から見ると隙だらけで、しかも「十分な対策をしているはず」との思い込みから、脇が甘くなっているということである。

攻撃者は、過去に別目的で実施したフィッシングキャンペーンにより得た情報やアンダーグラウンドマーケット（闇市場）での購入など、さまざまな方法で認証情報を取得できる。資金がありどこに行けば購入したり、仲間内のコミュニティで融通を受けたりできるのかを知っていれば、技能的に洗練されていなくとも、いつでも入手可能なマーケットやエコシステムができ上がってしまっている。さらに、目標となるユーザーのRDP（リモートデスクトップ）認証情報を侵害するために、ブルート・フォーシング、辞書攻撃、あるいは単純なパスワード推測操作を試みることがよくある。

最近は、サイバー攻撃を受ける可能性の高い領域という意味で、「サイバーアタックサーフェス」という言葉が広く認識されるようになった。攻撃者目線で言えば、いかに相手を陥れ、侵害するかという手段の選択肢を指す。セキュリティ対策を考えるには、サイバー攻撃がどのような経路で発生し、組織のどこにリスクがあるかを理解しておくことが重要である。コロナ禍によるパンデミックにおいて、このアタックサーフェスはこれまでにないスピードで急速に拡大した感がある。

残念なことに、企業や組織は攻撃を受ける可能性の高い領域がどこにあり、どれほど複雑になっているのかを特定できなくなっているのが実態である。結果として、デジタル資産や物理的な資産が、サイバー犯罪者の攻撃を受ける余地を残したまま放置される事態になっているのだ。IT技術担当部門だけでなく、経営層が事業継続の問題として認識する必要性がさらに増している。

サイバー攻撃が企業の存続を危うくするほどの被害をもたらすようになり、事業継続の問題になっていることから、経営幹部を含めた課題として対応しなければならない。セキュリティインシデントへの対応には、経営層の関わりや判断が必須である。セキュリティインシデントが自社の事業継続性にどのような影響を与えるのか、ビジネスの視点で見極める必要があろう。

3-2　セキュリティ侵害に備えた基本対策

セキュリティ侵害に備えた対策は、新しい対策を取ることが重要なのではない。以下に挙げている基本的な注意点や対策は、何年も前から言われ続けていることである。

○ネットワークの出入口をチェックし、攻撃が発生していないかどうか定期的に確認する
○物理的な境界をまたがるアプリケーション・サービスを適切に監視する
○セキュリティリスクの確認方法、問題発生時の連絡方法を定めておく
○危機管理チームを編成する
○管理権限を定期的に見直す
○インシデントの範囲を正確に特定して拙速な対応を避け、必要に応じて専門家によるインシデント対応支援を受ける
○エンドポイントで実際に起こっていることを一斉に確認し、ログ情報を残す

日本の企業であるという視点で捉えると、地政学的な影響を常に頭に置いておく必要がある。ナショナルフラッグのような位置付けにある企業は、常に意識を払っておきたい。自社は標的になるような重要情報を扱っておらず、攻撃

の対象にはならないと思われる読者も少なくないかもしれない。しかし、自社では気づかず高価値の標的になり得ることや、そのような企業・組織と共に仕事をしているだけで標的になり得ることもある。たとえ小さい組織でも、またビジネス全体のごく一部にしか携わっておらず自身ではあまり価値がないように見えても、何らかの形でより大きな標的に結びついている可能性は否定できない。

過去に企業の経営層に行ったサイバーセキュリティの課題や現状に関する調査の中で、日本の状況に目を向けてみると興味深い傾向を見てとることができる。サイバーリスクが増加すると思うかどうかを尋ねた設問では、グローバルでは過半数が増加すると考えた一方で、日本だけを見るとその割合は72%を示し、同様に高い危機感を持っていることがわかった。またITのクラウド化が進む中で、「クラウドの安全性は低い」「リスクである」と回答した人の割合では日本が24%と、グローバル平均の18%に比べて大きくなっている。

さらに、攻撃や侵害に対して準備ができているかどうかを尋ねると、こちらも日本だけで見た場合に「できていない」が75%を占め、高まる懸念に対して準備が追いついていないと考える企業や組織が多いことが読み取れた。経営幹部にとって機密データの消失は最も大きな懸念であり、日本での最大の懸念は顧客への影響が54%と半数を超える結果となっている。多くの経営幹部は、サイバー脅威のリスクを認識してはいるものの、今や侵害ありきで対策を考えなければならないのに、実態は思うように進んでいないというジレンマが浮き彫りになっているのである。

本書では、侵害を受けても直ちに発見して立ち直るサイバーレジリエンス力強化に向けて、「事業の継続性」を重視していることを述べてきた。サイバーリスクを、他の事業継続性に影響を与える脅威と同等のものと認識した上で対策する必要がある、というようにビジネスの観点が加わっているわけである。

前述の通り、攻撃者の利益となるものが何かという視点で捉えると、現在のサイバー攻撃は、強固なはずのセキュリティ対策をすり抜ける工夫をしてまでも実行する価値があるということである。企業が持つ個人情報や重要な情報を盗み出し、それを売りさばくという手法は過去から現在も変わらず行われている。正規ツールや通信を使うことで検知逃れすることは可能で、最近ではデータを暗号化して使えなくし、元に戻すために“身代金”を要求するランサムウェアや、PCに侵入しリソースを利用して暗号資産のマイニングを行うマイニングマルウェアも活用されている。メールやソーシャルメディアを悪用するサイバー攻撃も大きな脅威となっており、自社のサービスがフィッシングに悪用される可能性もある。

経営者のふりをして送金指示のメールを送る「BEC（Business Email Compromise：ビジネスメール詐欺）」も活発に行われ、日本企業も実際に莫大な被害に遭っている。

3-3　SOC/CSIRTの設立とアウトソース先の選定条件

最新の攻撃に対応するのに、単体のアラート処理だけでは片づかず、攻撃の全容をつかむことも難しい。また、多様化し増加する一方のセキュリティ対策・コントロールからは日々大量に発生する重要ではないアラートに翻弄され、真に対応すべき攻撃発見の機会をなくす有様である。アラート単体ではわからない異常を、相関分析を用いて初めて検知できることがある。

今まで担い手の中心は、セキュリティ担当部署あるいはIT部門のみと考えられていた。しかし今求められるのは、顕在化している脆弱性や既知の攻撃を検知・ブロックするだけのアプローチから、侵害が起こり得る前提で侵入済みの脅威を見つけ出し対応できること、さらに想定される攻撃にプロアクティブに備えるべく計画し、必要な投資を決定することである。

最近では、セキュリティオペレーションセンター（Security Operation Center：SOC）の設置や、セキュリティインシデント対応チーム（Computer Security Incident Response Team：CSIRT）の必要性が広く認識されているが、これに合わせて最高情報セキュリティ責任者（Chief Information Security Officer：CISO）の設置が必要になったのはこのためである。サイバー攻撃が企業の存続を危うくするほどの被害をもたらすようになり、事業継続の問題になっていることから、経営幹部を含めた課題として対応する必要が生じたわけである。

セキュリティインシデントへの対応には、経営層の関わりや判断が必須となる。セキュリティインシデントが自社の事業継続性にどのような影響を与えるのか、ビジネスの視点で見極めなければならないためである。サイバー攻撃やセキュリティインシデントの種類によっては、対応や判断を誤るとさまざまな悪影響を生み出す可能性があり、バランスシートを毀損し、株価に深刻な影響を与えることになりかねない。

一方で、経営課題である以上は投資したセキュリティ対策が有効に機能しているか、思惑通りの効果を出しているかについて、セキュリティ対策やコントロールの観点で有効か、無効かを明確にすることが求められている。事業継続上の課題であることから、インベスターズリレーション（IR）の場で経営幹部が、自社のセキュリティ対策の状況について投資家へ説明する重要性が増してきている。実際多くの企業が財務報告に加え、セキュリティに関する報告を一つの項目としてわざわざ明示するようになってきている。

以上のように、経営幹部が四半期ごとのサイバー攻撃に関する動向や傾向の情報を、頭に入れておきたいと考えるのは自然の流れである。IT部門のみならず経営幹部だからこそ、セキュリティに関して高い意識を持たなければならない。したがって、経営幹部自身がITやセキュリティ部門と意思疎通できるように、事前に調整しておくことの重要性が増している。自社内にSOCやCSIRTの設置が求められるのは、有事の際の意思決定に必要だからである。

3-4 セキュリティ投資の有効性検証は難しい

ITに対する投資は理解が得られやすいとされる。最新のPCを社員に配り、高速大容量の回線を引いて利用にストレスを感じないようにするのが手始めである。アプリケーションを多用して人手を介さず自動的に業務対応し、バックヤード業務である人事・財務・資材発注業務をアウトソースする。これにより、従業員の増加を抑制して固定費を削減することで、投資対効果を定量的に測ることができる。その一方でセキュリティ対策は、せっかく使い勝手が良くなったものを制限する場合がある。

例えば、回線容量に関して言えば、ネットワーク製品の通信容量はますます増える傾向にある。通信キャリアのバックボーンネットワークはもちろん、企業内に使われるネットワーク製品の通信容量はもはやテラの時代だが、それに対してセキュリティ製品は今でも1Gbpsの接続容量の製品が大半である。IT投資全体の中で、ネットワークはより速く、大量に送信できるように大容量化が進んでいるのに、セキュリティ投資はむしろボトルネックになっている。

経営者視点では、自社の最も重要なシステムとデータは保護されているか、クラウドへの移行はセキュリティの観点からカバーされているかという課題が掲げられる。さらには、当然のことながら前四半期にどのように改善したか、セキュリティへの支出をどうしたら削減できるかに対する継続的な取り組みにより、投資の削減や効率化を求められることになる。しかし、セキュリティ投資へのROI（Return On Investment）の計測は定量化して示すことが難しいとされてきた。

近年、セキュリティベンダーは脅威インテリジェンスの重要性を訴え続け、セキュリティ投資の有効性を検証するため企業買収を含めた大きな投資を行っている。従来はサービスプロバイダー任せにしていたクラウドサービスの安全性や、SOCメンバーの業務の自動化による効率化を進めるソリューションを提供すべくポートフォリオを拡大しているのは、こうした考えに根ざしているのである。

導入しているセキュリティ製品が何であるかにかかわらず、世界中のすべてのセキュリティ部門に適用可能な新しいソリューションを提供できるのが何よりである。自社SOCで使っているSecurity Information and Event Management（SIEM、リアルタイムで脅威となり得るセキュリティ情報やイベントを管理するシステム）やセキュリティ製品が何であっても、セキュリティベンダーが持つ専門知識と脅威インテリジェンスにより世界中で対策を強化し、自動化を促進することが目指すべきゴールである。

セキュリティ担当者の日常業務では、複数のツールを活用しながら対策・考察を進められていく。ツールは多ければ多いほど、より広範で包括的な情報の収集に役立つが、一方で膨大なアラート情報に翻弄され、どこから手をつければいいのか判断に困る状況に陥りかねない。

比較的大きく、SOCを持っておりセキュリティ専任の要員がいる組織であっても、機器が自動検知するアラート情報への対策を念頭に置くと担当者の日常業務は大変煩雑になる。会社ごとに異なる複数のセキュリティ機器のユーザーインタフェースに表示されるアラート情報に基づき、相関分析を行い、実際に顕在化しているリスクがあるかどうかを判断して個別に対応する。その数は数百万から数億に及ぶ。

SIEMの活用により数十から数百に絞ったとしても、もし優先度付けができなければ、シラミつぶしにすべてのアラートに対応していかねばならない。また、ルールの設定やメンテナンスはSIEM活用において常に大きな課題であり、設定するルールが増えるとライセンス料金は莫大になる。

ただでさえ貴重なセキュリティ要員が、アラートや脆弱性の確認と対応に翻弄される中、日常JPCERT、IPAあるいはJC3（日本サイバー犯罪対策センター）のような機関からもたらされる早期警戒情報に基づき、現実に発生している侵害の危険性に対して、自社のセキュリティ対策で検知・防御できているか判断するのに役立つ情報が提供される必要がある。

従来アラート処理などに忙殺されていたリソースを、攻撃者の技術や戦術、手順の分析に基づくセキュリティ対策検証や、同業他社への攻撃をもとにした疑似攻撃を行うことで有効性を検証する。さらに脅威インテリジェンスとして公開される情報をもとに、内在するかもしれない脅威ハンティングに役立てるなど、より具体的な行動につながるような情報や材料が求められている。サイバーセキュリティ業界で、運用に配慮したExtended Detection and Response（XDR）の必要性が謳われ始めているのはこのためである。

サイバーレジリエンス成熟度

NISCのサイバーセキュリティフレームワークでは、段階的な成熟度を**図3-7**のように示している。

これに照らして考えると、

○脅威を具体的に把握・理解できること

○コントロールの有効性を検証し、課題を可視化できていること

○アラートの優先度付けとインパクト分析が速やかにできること

が必要である。

それによってサイバー攻撃に対するコントロールが、場当たり的ではなく柔軟・最適・迅速に行えることになる。投資済みのセキュリティ対策・コントロールが有効に機能していることに加え、客観的なフレームワークに沿って評価してレポーティングするのを、毎回人が介在するのでなく、しかも1回限りではなく継続的に実施する機能があれば、緊急時のエスカレーションや設備の投資対効果を説明するのに余分な人をかけず専門性の高い情報の提供が可能になる。

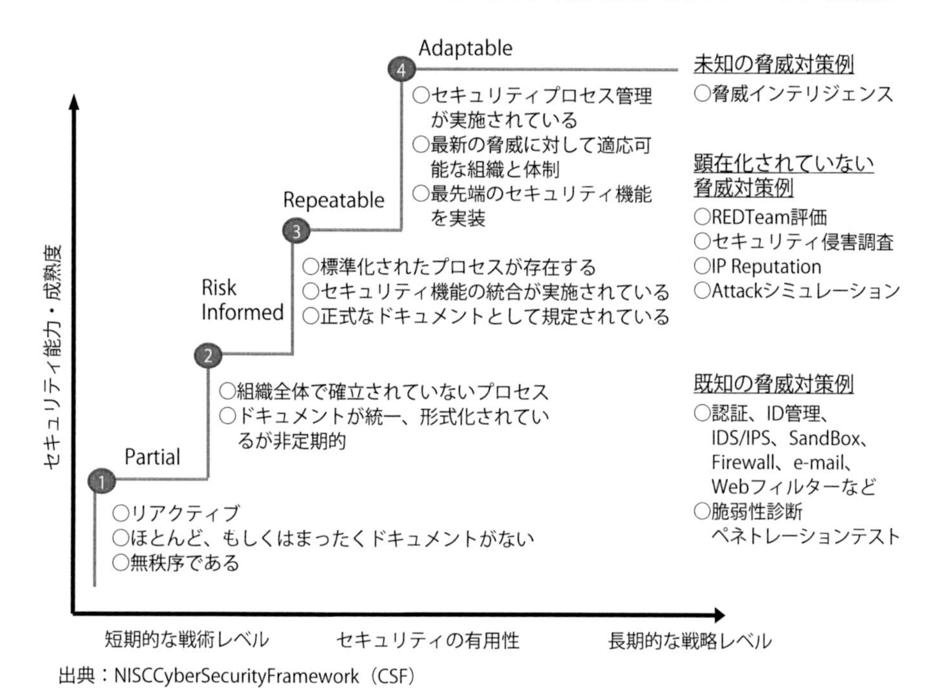

出典：NISCCyberSecurityFramework（CSF）

図3-7　サイバーレジリエンス成熟度

また、既知の侵害に関連する決まり切った対応や、膨大な脆弱性情報への対策をレイヤー分けし、人が介在しなければならない領域を自動化で削減できれば、最も知識を持つ有用な人員やチームを、最も重要な課題対応のために集中して投入できる。これにより運用コストが抑えられ、定量化して示すことが可能になる。セキュリティベンダーに委託せず自身の組織でこうした対応が最適化できるよう、プラットフォームを提供する取り組みが重要性を増している。

組織が自身の置かれている脅威の状況を理解する、というのは言うほど簡単ではない。自分の資産やテクノロジー、アプリケーションの所在、インフラストラクチャの所在、サードパーティのリスク、すべてのネットワークの入口と出口がどこにあるか、などを実際に理解する必要があるからだ。

自身が守ろうとするもの、自身が攻撃に対してどのような影響を受ける可能性があるか、そして、その攻撃の意味合いがどのようなものかを包括的に把握しておかなければならない。そうすることで初めて自分自身を守る方法を、最善に決めることができる。専門家であるマネージドサービス事業者にアウトソースしている企業も多いと思うが、そこにもリスクがある。サービス事業者は複数のクライアント企業に対してサービスを提供するため、自分で検知・対応できる範囲をできるだけ限定して考えがちだ。繰り返し説明している通り、攻撃者にとって脆弱性は放置されていた方が、攻撃の観点からは都合が良いのである。したがって攻撃者は、セキュリティパッチが充てられることはできるだけ避けたい。

一方、マネージドサービス事業者は、パッチを充てることで発生する自社のサービス提供やパッチとは直接関係ない顧客企業への影響を考えて、最新のパッチを充てることに消極的に考えざるを得ない立場にある。これは事業者としての経済原理から理解できるものであるが、クライアント企業にとってはたまったものではない。自社のSOCを持つことは、リソース面や運用面で考えるとハードルが高くとも、サービス事業者に適切に要求を突きつけられる専門知識のある要員の育成という観点では、検討は必要不可欠である。

コモディティ化しているネットワーク製品の対応と異なり、セキュリティ専門要員を十分な人数確保するのは難しい状況にある。効率的に対応できるよう事前に検討しておくことが重要だが、その際に以下の点を注視したい。

○投資している複数のベンダー技術を統合して一元管理できるようにしておく
○自社への攻撃や脅威について、重み付けをすることで優先度の高いリスクに対してリソースをかけられるよう脅威情報を分析・評価できるようにしておく
○同時に、軽微なリスクに対しては自動化により対応ができるような仕組みを考慮しておく

アウトソース先の選定

社内の専門家は限られた人数しかおらず、すぐに育成したり優秀な人材を採用したりするのは容易ではない。そもそも人材は日本のIT業界全体で絶対的に不足している。その上、前述した通り自身の置かれている脅威の状況を理解するのは言うほど簡単ではない。だからこそ、アウトソースの可能性を事前に検討しておくことが求められる。侵害を初期段階で発見し対応することで、侵害の深刻化と被害の拡大を抑制できる。なお、早期対応には豊富な経験と知見

が必要となり、外部の専門家を使うこと自体は有効だ。

しかし、自社のネットワークに侵害が起こり事業継続に支障が出ている最中に、冷静な判断でアウトソース先を選定できるか考えてみてほしい。自社の事業が展開している範囲や規模を考慮せずに侵害の影響範囲を限定し、侵害を報告してきた部署のみでとりあえず対処して済まそうと考えてしまう。行動経済学でプロスペクト理論として知られている通り、心理的なバイアスがかかるものだ。だからこそ冷静に判断できるときに、アウトソースする際の条件を考えておく必要がある。専門外だからと丸投げにしたことで期待した効果が得られず、選定に時間や労力をかけたり二重三重に投資したりしないよう、アウトソース先の選定は特に次の点に配慮して契約前に説明させ、確認しておく必要がある。

⑴迅速な対応能力についての評価

迅速な対応を実施する能力や規模を有しているかどうかを説明させ、内容を確認する（対応の遅れは損失の拡大に直結する。アウトソース先に十分なリソースがなければ、他の件を優先される可能性がある。グローバルに事業展開しているのに、日本本社しか調査・対応できないでは済まされない)。

⇨選定の際には、アラート発生から侵害の終息まで、一連の対応フォローを説明させる。また、各アラートの深刻度をどのように判定しているか、具体的な対応や侵害の分析などそれぞれに専門家がいるかどうかを説明させる。侵害発生時の具体的な運用方法を説明させる。インシデントが発生した際に、インシデントレスポンス対応が可能かどうか、年間の実施件数や過去の具体的な実績・例を説明させる。

⑵適切なアクションがとれるかどうかの評価

セキュリティアラートの静的解析や説明だけでなく、「何をすべきか」を実際に提案させ、内容を確認する（実際の侵害対応の現場経験があり、過去の知見を持ち合わせなければ期待通りの提案や対応はできない。攻撃ツールのリバースエンジニアリングにより、攻撃者能力の査定や深刻度の評価ができるかどうかで信頼性が変わってくる)。

⇨選定の際には、報告にはアラートの説明以外に、どのような情報が記載されるかを説明させる。攻撃に利用された戦術、技術、手順についての情報が記載されるかを説明させる。報告内容に今、現在発生している攻撃への有効な対応方法について含めさせる。

⑶攻撃待ちでなく、能動的に対応ができるかの評価

プロアクティブなハンティング能力を有しているかどうかを説明させ、内容を確認する（攻撃にさらされるまで待っていては安心できない。攻撃の痕跡を見つけ、影響範囲を迅速に特定することで被害は最小限にできる。安全のためには能動的にハンティングすることが必要となる）。

⇨選定の際には、プロアクティブハンティングを行っているか、行っていれば具体的に何をするか、頻度やタイミングなどを具体的に説明させる。

⑷未知の攻撃を既知に変えていく力の評価

侵害現場で得られた検知情報や知見を運用に還元し、効率化するエコシステムの提案ができるかを説明させ、内容を確認する（1社につき30〜70種類ものセキュリティ機器や異なるベンダーを採用している実態に対し、複数の対策を整理して有効な対策を提案できなければ、重複投資の無駄を省き、未知の攻撃に備えることはできない）。

⇨選定の際には、アナリストが発見した新たな攻撃を、セキュリティ製品のシグネチャーなどに還元するエコシステムがあるかを説明させる。アナリストとエンドポイント対策の連携がとれているか、それはどのようなものかを説明させる。

⑸攻撃者以上の知見や知識を持っているかの評価

攻撃者について十分な脅威インテリジェンスを持っているかどうかを説明させ、内容を確認する（同業他社を狙った攻撃、サプライチェーンに対する攻撃キャンペーン情報や、攻撃者の特性や実際に使われる攻撃ツールなどに精通していなければ、攻撃者から守ることはできない）。

⇨選定の際には、脅威インテリジェンスを持っているか、その情報源や収集方法を説明させる。同業他社を狙う攻撃者と、その手法について説明させる。セキュリティ機器が自動検知する情報のみでは十分でない。被害企業が受けた攻撃についての広範な情報やそのとる戦術、技術、手順を理解しているかを説明させる。

3-5 最近の日本企業の被害

リスク軽減のために必要なこと

最後に日本の実情についても触れたい。コロナ禍でリモートワークを導入す

る企業が増え、私たちの働き方も大きく変わったが、その変化に乗じたサイバー攻撃が増えている。また、世界の多くの国々において、日本が攻撃対象の一つとして狙われていることも認識しなければならない。日本の産業や業種のリスク、傾向についてなど、リスク軽減に必要なことを交えながら話を進めていく。

日本の産業に対するサイバー攻撃は、攻撃を受け続けている業種別に大きな増減はないものの、業種によってここ数年は増減が見られる。特にハイテクやインフラ工事、政府、金融関連では以前より増えているように観測されている。2022年3月に帝国データバンクが1,500社以上の企業に実施したアンケート調査結果では、過去1か月以内にサイバー攻撃を受けたとの回答が28.4%であった。同じ調査で1年以内に攻撃を受けたとする企業が36.1%を示し、年間被害の企業数の8割近くが直近1か月に集中していることになり、年初来の攻撃の増加が顕著であった。

攻撃者も、2020年にはその中心的な組織は中国由来のグループが多かったのだが、2021年末から2022年には北朝鮮や金融を狙った攻撃をかけてくるグループの顕著な活動が見て取れるようになった。一つには、ランサムウェアによる攻撃が関わっていると考えられる。また、サプライチェーン侵害の増加が顕著に認められてきている。2020年に米国で発見されたSolarWindsの侵害以降は顕著で、実際にセキュリティ侵害の調査・復旧をするためのインシデントレスポンスを実施する現場でも対応案件が増えてきている状況にある。

サプライチェーン侵害での攻撃者の目的としては、金銭目的や諜報目的での情報収集が挙げられている。ソフトウェア開発やシステム開発で使用する一部のソフトウェアのアップデートの際に巧みに侵害し、管理権限を奪取して内部情報にアクセスし、最終的にはランサムウェアに確実に感染させ、身代金を払っても2重、3重に被害を拡大させるのに使われている。

攻撃側も攻撃ツールの作成や購入、攻撃にかかる基盤設備、攻撃グループとしてのエコシステムの維持、さらには逮捕や強制的に活動停止されるリスクの回避を考えて経済原理に基づいた行動するため、効率性を念頭に置かざるを得ない。事前に重要なデータの窃取をした上でランサムウェアによりPCやサーバーの暗号化を行い、身代金を払わなければ情報を開示して晒し者にすると脅しをかける。身代金を支払ったとしても、すでに漏洩した情報は開示されなくとも相手に渡っており、その情報が別の目的に使用されて他の誰かに販売されるようなことも起こっている。

ランサムウェア攻撃には、複数の技術に特化したメンバーが関わるRansom as a service（RaaS）が一般的になってきている。ただ、攻撃グループ内で必ずしもガバナンスが効いておらず、利益分配などで争奪戦が行われることもある。仲間内での利益相反により一部が凶悪化し、支払った後になって身代金の増額要求をし、意図的なデータ漏洩がなされることもあるのだ。

また被害企業が、政府とランサムウェア攻撃者の間で板挟みになるようなこともある。事業継続には身代金を支払う選択肢があり得る。その費用をあらかじめ保険で賄おうと準備することも考えられるが、注意しておかなければならないのは、政府による身代金支払いへの規制との間で悩ましいことが起き得ることである。多くの日本企業が海外事業展開をしている状況を考えると、日本国内の法規制だけでなく、事業の一部がより規制の厳しい国で継続している場合も対象となることを忘れてはならない。制裁対象の組織に支払いを行った企業を、犯罪者への利益供与を取り締まる目的で、現地政府が意図的に見せしめのために晒し者にする例も存在する。

被害は積極的に公開する

洗練された攻撃者は、自分のやることや影響度をある程度わきまえて行動する。攻撃していることが表沙汰になれば、警察や政府から追跡を受け、結果として利益に与れない可能性があるからである。しかし、アンダーグラウンドマーケットで攻撃ツールが販売されたり、攻撃者間で融通し合ったりすることが普通になされるようになった。その結果、未熟で経験値の乏しい者でも容易に攻撃に参加できるようになったことから、社会的に大きな影響をきたす事件が起きやすくなっている。

さらに、侵害に関する情報公開についてはアジア、特に日本では、今まで侵害があっても事実を公にしない傾向にあった。それは、公表することが攻撃者/犠牲者双方にとって利益にならないと考えられてきたからである。より価値の高い個人情報やデジタル資産を侵害するには、長期にわたる侵害行為を維持する必要があり、攻撃者はその存在が知られることを望まなかった側面がある。また、被害者は信頼の失墜や金銭窃取被害、他の悪影響を気にして公表しなかったが、侵害があまりにも頻繁になることで、むしろ積極的に公開する動きになっている。

特にEmotet（エモテット、悪意のある攻撃者によって送られる攻撃メールから感染が拡大するマルウェア）の被害では、正規のメールアカウントが侵害され、侵害された企業や組織の正規メールアドレスからランサムウェアへの感染を促す「なりすましメール」が送付されるようになり、放置すれば自社の信用を失墜することにつながりかねないと判断されたためである。

米国ではすでにランサムウェア被害に遭った企業や組織が、身代金の支払いについて48時間以内に開示することを要求している。金融機関ではさらに厳しく、36時間に設定されている。日本でも一般財団法人日本情報経済社会推進協会（JIPDEC）が、プライバシーマーク付与事業者がランサムウェアの被害に遭い、被害対象となるデータに個人情報が含まれていた場合は、漏洩の有無にかかわらず滅失・き損の事故に該当するため、必ずプライバシーマーク指定審査機関へ事故報告するよう指導しており、いずれ国による規制の方向に動いていくことが考えられる。

一方、2023年度以降に防衛省と契約する際に、保護が必要な情報を扱うすべての企業を対象とした「防衛産業サイバーセキュリティ基準」が新たに設けられた。これまでは企業の社内システムから外部への情報流出の監視が中心だったものが、システムの不審な動きやウイルスチェックなど項目を増やした内容となっている。

2021～2022年に被害に遭った日本の業種は、メディアで取り上げられただけでもコンピューターサービス、自動車部品メーカーの現地法人や生産工場、下請け部品製造会社など典型的なサプライチェーンへ影響を来たしたことが報じられている。無線通信機器製造会社、事務用品の小売業、PCR検査システムや中核医療センターなどの医療関連への侵害も記憶に新しい。

ランサムウェアでの被害は精密機械メーカーや物流・自動車部品メーカー、調味料などの食品メーカー、総合建設会社が被害を受けている。なりすましメールでは、種苗会社、住宅製造、新聞社、リース業者、美容家電メーカー、下着メーカー、気象協会、完成品自動車メーカー、書店、研究所、通信事業者、調査サービス業者、大学、地方自治体の防災システムや県民水泳場、県や市など多くの侵害が発生し、安全な業種はない状態である。

 CISOの役割と必要性

4-1 インシデント対応の指揮

きちんとしたサイバーセキュリティ対策をとっている企業には、名称はともかくしっかりした最高情報セキュリティ責任者Chief Information Security Officer（CISO）がいる。CISOの人となり、あるいは仕事に取り組む姿勢や課題認識などを聞けば、おおむねその企業の「セキュリティ成熟度」を測ることができる。まずは、企業内における現在のCISOの役割を見ていこう。

インシデントが発生した場は、CISOは担当部門を指揮して、

○状況の把握
○被害の局所化、縮退運用
○被害の回復、復旧見通しの設定
○経営者および関係各部署への報告

を行う。インシデントかもしれないものを検知した段階では、今後どうなるのかはもちろん、現状の把握すら「霧の中」である。この霧を払って状況を把握し、企業活動の何に影響が及ぶのかを「見える化」する必要がある。このとき、前章で述べたように最悪の事態を想定しておけば、リスクを減らす対応ができる。しかし検知が誤っていた（例：検知システムの誤作動）ときに大規模な縮退運用など実施した場合は、「なぜ、こんな大騒ぎをしたのか」と叱責される可能性もある。冷静な判断力と勇気が求められるわけだ。

インシデントが事実であれば、被害の拡散を防ぐ措置を採らなければならない。この場合、企業活動の一部を意図的に止めることもあり得るわけで、関係部門や経営者に迅速かつ的確な報告をしなくてはいけない。セキュリティ担当技術部門の生のレポートは専門用語が多く、経営全般や関係部門の都合を考慮しない「直言」のこともある。CISOには、状況や対策案を経営者らが理解できるような形で報告することが求められる。

その傍ら、インシデントによって失われた機能の回復をどうするか。例えばバックアップシステムに切り替えるなどするのに、どの程度の時間が必要かを見通さなくてはならない。情報漏洩のケースであれば、どれだけの情報が漏洩したか、その内容は何か、他に被害はないかなどの確認も求められる。

重大なインシデントであれば、監督官庁への報告が義務づけられているのはもちろん、そうでなくても市場や株主、取引先などに対して報告する必要がある。これを行うのは一義的には経営者と広報部門だが、報告内容の多くはCISOが準備することになる。特に社外への迷惑が広がりつつあるような緊急事態には、不十分な状況確認しかできていなくても公表しなくてはならないことがある。経営者や広報部門と密接な意思疎通をして、「何をどこまで公表するか」を定めることになる。

4-2 重要な事前の準備

インシデント対応の指揮はCISOの重要な役割だが、それにも増して重要なのが事前の準備である。前章で述べたような、最悪のケースを想定したシミュレーションや日常の訓練を企画、実施し、これを統率するのもCISOの務めである。

インシデントは、起きてしまえば何らかの被害が出る。一番いいのはインシデントが起きる前に予防することである。そのために、CISOは外部情報に耳を澄ませる必要がある。海外事例も含めて、どのような攻撃があるのか、増えているのか、何を狙ってのものか、誰が狙ってくるのかなどを知り、対応策を考え実施しておけば被害は抑えやすい。

技術的なこと（脆弱性情報、ハッシュ値など）だけでなく、より戦略的な情報を得るルートを持っていれば、上記のような対応が可能だ。特に重要なのは、自社の位置付けから考えて「誰が何を狙ってくるか」を予測することで、これは立派なインテリジェンス活動である。

一般に日本企業は、ボトムアップ式のインシデントドリブンの能力は高い。しかし、トップダウン式のインテリジェンスドリブンは苦手である。これからのCISOは、この両者の能力を求められるだろう。

これらの活動を行うにあたり、CISOは自らの組織を維持・発展させるためのリソース確保をしなくてはいけない。総務・人事部門や財務部門を説得してリソースを得るには、交渉力を含めた人間的魅力も必要だ。CISOの悩みを聞くと、

○経営者がサイバーリスクやセキュリティ部門の活動に理解を示さない
○財務部門が「コスト年率5%カット」を掲げて費用を認めてくれない
○訓練の実施や日常業務のルール設定を従業員が嫌がる
○セキュリティ部門で仕事をしたいという若い人がほとんどいない
○デジタリゼーション推進担当のCIOと意見が衝突する

という本音がこぼれる。

特に最後の点については、CIOとCISOを同一人が兼ねている企業もあり、そんなCIO/CISOは自ら決められる一方、相反する立場に一人で苦悩するという。一概にどちらが有利とは言えないが、企規模が大きくなりDXが進んだ企業ならば、分離するのがよいと言われている。

4-3 企業グループにおけるCISOの役割

ここまでは、企業内におけるCISOの役割について述べてきたが、CISOの役割は企業外にも広がりつつある。大企業であれば複数の子会社、関連会社を持つのが普通だ。海外事業所や支社、あるいはM&Aでグループに加わった会社など社内外の事情が大きく異なる企業が集まったグループでは、CISOはどのような役割を担うのだろうか。ある大手ホールディングカンパニーのCISOによれば、

○ホールディング会社自体のITシステムなどは大きくない
○実業をしている事業会社も大きなものはCISOを持っている
○グループ全体の方針を定め、各CISO間の調整を行うのがグループCISO
○同時にグループとしての信頼を増すための対外活動を行う

とのことだった。海外子会社や支社でインシデントが起きるケースが増え、対応にもホールディング会社がどこまで関与するべきかを、個々の状況で判断しているという。海外インシデントは、時差や言葉の壁で対応が遅れたり、ビジネス事情や現地監督官庁との関係があって対応を迷ったりすることが多い。CISOは国際的なビジネス環境、当該国の法律などにも知見がなくては務まらなくなりつつある。

別事業体とは言え、資本関係がある企業のことならば、本社のCISOはある程度ガバナンスを効かせることができる。しかし、企業は単独で成り立っているのではなく、国際的なサプライチェーンの中でビジネスを続けている。サプライチェーンの中には、大手企業のように十分なITリソースを持たない中小企業も含まれる。昨今課題として浮上しているのは、中小企業を含むサプライチェーン全体のリスク管理についてである。

いわゆるサプライチェーンリスクとして、

○取引先を騙るメールによる侵入

○納入部品に忍び込んでいるウイルス

○海外取引企業に現地政府が義務づけるアプリ

などがある。最終的な目標は大企業でも、その防備が固いと見た攻撃側は、1次納入業者に侵入を試み、それも難しいと2次納入業者に侵入して、つくった足場から1次業者、大手企業への侵入を試みる。これまで述べてきたサイバーセキュリティ対策をすることができるのも、日本産業界では大手企業が中心のことである。中小企業では資金や設備、人材など十分リソースを用意することができない。

しかし、サプライチェーン上で重要な位置を占める中小企業の事業停止によって、サプライチェーン全体が停止するリスクは無視できない。CISOは、自社だけではなくグループ企業や海外拠点、さらにはサプライチェーンとして重要な非グループ企業も視野に入れたサイバーセキュリティ対策を考えることになる。

4-4　中小企業を含むサプライチェーンも視野に

中小企業のサイバーセキュリティ対策は、大手企業のそれほど簡単ではない。しかし社会全体の安定のためには、中小企業を含むサプライチェーン全体のサイバーセキュリティ対策が求められる。そこで産業界は、多くの業界団体の参加を得て「サプライチェーン・サイバーセキュリティ・コンソーシアム(SC3)」[18]を、2020年に発足し活動を開始している。

本項の最後に、CISOに求められるものをまとめておこう。まず、CISO1.0

18　https://www.ipa.go.jp/security/sc3/about/

とも呼ぶべき基礎的なミッションは、
○経営者への提案とサポート
○日々のインシデント対応
○長期的な対策の立案
○次世代の要員の採用や育成
である。しかし、企業がDXを促進していくにつれ、より大きな役割を担うことになる。それをCISO2.0と呼ぶならば、
○事業全体を見た費用対効果の算出
○DXが生む新しいリスクの見極め
○DXによる事業構造改革の主導
が挙げられる。本来「DXによる事業構造改革」はCIOの役割と思われているが、CIOとCISOの密接な連携なくしてDXが成り立たないし、企業の発展もあり得ない。

5 サイバートレーニングと社員教育の実施

5-1 サイバーマネジメント

組織のリスクマネジメント論に関しては、経営者の善管注意義務の下で被害が経営に対して及ぼす影響を最小限にすること、リスクに対して抵抗力のある取引関係の構築、社会市民としての役割を、ステークホルダーとの関係上達成すべき目標とされている。リスクマネジメントの中でもサイバーリスクに対する日本企業の経営陣の取り組みは、欧米と比べるといまだに十分と言える状況ではない。

地震などの自然災害に関しては、日本の歴史的背景として十分な検討がされており、制度的にも企業が負担するリスクを限定できる状況にあるが、サイバーリスクに関しては制度的にも対応がまだ不十分である。

また、日本は戦後以降、安全保障に関連する事項に関しては米国に大きく依存しており、政府系機関・民間企業含め、自身の大きな組織的課題としてサイバー攻撃を含む安全保障上のリスクを挙げる感覚は乏しかったと言わざるを得ない。いわゆるリスクファクターの中でも、経営課題としての地政学的リスクが議論される際には、テロ行為や戦争などは、自身の組織に対しては間接的な影響として議論に挙がることはあっても、直接的な攻撃対象になり得るという意味で経営課題に挙げられる状況は少なかったはずである。

サイバーリスクは、民間企業がテロ行為や戦争行為に直接的に対峙することになる経営課題である。したがって、これまで日本の組織があまり経験したことのない事象が多々起きる可能性がある。サイバーリスクに対しては、国際的テロ組織や外国の政府機関・軍・諜報機関などの、行動パターンやシステム、手法やマインドセットの理解、それに基づく実戦的経験値の積み上げ、訓練、準備など、総合的なリスクマネジメントおよびクライシスマネジメントが必要となる。これは、通常業務として行う競合先分析や他社新商品などの分析の延長線上にあるものではない。

サイバーリスクが経営課題として一般的に議論されるようになったのは、日本では4，5年前からであるが、十分な対応ができている企業はいまだに少ない。机上の空論だけではなく、実戦訓練が日本企業には求められているのである。

チームスポーツであってもオーケストラやバンドであっても、どんなに優秀な選手や奏者を集めたところで、練習試合やリハーサルをしなければチーム力は上がらない。どんなに高性能の武器を導入しても、適切な戦術と実戦的訓練がなければ効果は期待できない。

サイバー犯罪による被害は全世界で6兆ドル

サイバー犯罪は2021年に、全世界で総額6兆ドルの損害をもたらしたとの調査結果が出ている。この数値は、世界第3位の経済大国である日本のGDPをすでに上回っている水準で、2025年までに年間10.5兆ドルに達すると言われている。この数字は、1年間に自然災害によって引き起こされる世界中の損害額よりも大きく、全世界での主要な違法薬物の貿易よりも収益性が高くなると言える。すなわちサイバー犯罪は、世界で最も巨大な犯罪収益を生み出す市場になっていくということがわかる（**図3-8**）。

これだけ大きな市場となれば、昨今のハッカー組織に関しても人員・予算・活動範囲いずれも大企業並みの組織化がされている、というのも頷ける。そうした中、やはりサイバー領域においても最も多くの攻撃を受けている米国では、国家サイバーセキュリティ能力の向上に関する大統領令が発令されている。テクノロジー大手に関しても、各社10億ドルを超える投資実行を発表し、10万人規模のセキュリティ人材育成に取り組み始めたのが現状である（**図3-9**）。

それに対して、日本企業の現状はどうか。これまで日本企業は、情報セキュリティ関連事項をIT部門が対処すべき技術・運用上の課題として位置づけてきた。経営会議においても、企業のCEOは当該課題をIT部門の課題として扱い、会社自体の経営課題としては扱ってこないケースが多々あった。また、各事業部門においても、自部門のデータのセキュリティは自分たちの責任範囲であることを認識しないまま放置してきたのである。IT部門だけが、データセキュリティに関する重要な責任を担っていると勘違いしてきたのである。大企

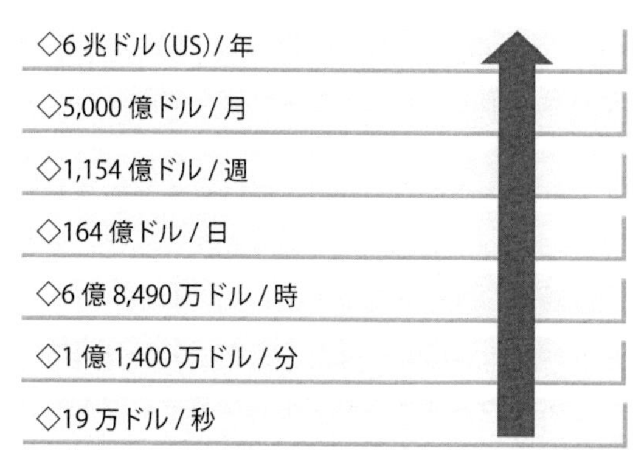

出典：サーバーセキュリティ・ベンチャーズ社資料より作成

図3-8　世界におけるサイバー犯罪の被害額

連邦政府機関での２段階認証の導入を義務づけるなどの措置が持ち込まれる

グーグル：今後５年間でサイバーセキュリティ強化のために計10億ドル（約1,350億円）投資
IT教育プログラムにおいて、サイバーセキュリティ人材を10万人育成

マイクロソフト：今後５年で20億ドル（約2,700億円）を投資、サイバーセキュリティツールの強化・開発、連邦・週・地方政府のセキュリティシステムのアップデートに１億5,000万ドル（約203億円）

IBM：今後３年で15万人のセキュリティ人材を育成

Amazon：AWSにおけるマルチファクター認証の導入やセキュリティトレーニングの提供

図3-9　国家サイバーセキュリティ能力の向上に関する大統領令

業であっても、IT部門はコストセンターとして認識され、限られたリソースや予算権限の中で業務を行っているのが現状である。

さらに多くの企業内の傾向として、IT部門が導入するセキュリティ対応商材は、OT部門の事業効率にマイナスの影響を与えるとの懸念のため、OT部門でのセキュリティ対策が進まないことすらあった。一方で、最近のIoTの進展により、これまでのようにただOT部門を外部ネットワークから切り離すだけではセキュリティ対応は十分ではなく、OT部門が自身の課題としてサイバーセキュリティ対策を講じる必要性がようやく認識されるようになったと言える。

同時に、IoTによりハッカーから見た侵入経路も多面化しており、もはやサイバーセキュリティはIT部門だけが扱う問題ではなく、事業に関連する全ステークホルダーが意識すべき経営課題となった。サイバーセキュリティに限らず、現在世界中の企業がDX化や新規のイノベーション技術への多額の投資をすでに行っている。全体的な経営戦略や業務運営において、サイバーセキュリティを含む技術基盤はより中心的な役割を果たすようになっている。

その中でも、DXを支えるベースとして、サイバーセキュリティ・トランスフォーメーション（「CSX」とでも言うべきだろうか）が、企業経営の次のトレンドになるタイミングと言える。すでにサイバーセキュリティはあらゆる経済活動における基本インフラとしての位置付けになっている。

サイバー・バイ・デザインやセキュア開発などと最近言われるが、ソフトウェアおよびハードウェア開発においても、これまでのようにでき上がったサービスや製品をベースにセキュリティの脆弱性を確認するようなプロセスではなく、サービスや製品の企画設計段階からセキュリティの強化を加味したプロセスを採用することも求められている。

イスラエルの先進事例に学ぶ

さて、サイバーセキュリティに関する組織的なリテラシーの向上に関してだが、どうにも多くの日本企業は苦手意識を感じているようだ。どのように組織的な対応を考えるかについては、サイバーセキュリティの先進国であるイスラエルでの取り組みを日本企業の参考例として挙げたい。

イスラエルの国営企業であるイスラエル電力公社では、従業員12,000人のうち半数を超える7,000人強が、サイバーセキュリティのトレーニングを受けている。もちろん、これはサイバーセキュリティ担当者だけの人数ではない。イスラエル電力公社は、世界で最もサイバー攻撃を受ける企業と評されることがよくあり、同社はイスラエル国内において発電から送電、配電などすべての電力サプライチェーンを扱うほぼ独占的企業である。そのため、同社へのサイバー攻撃が成功し、発電所が操業停止状態になってしまったり送電が止まったりするようなことがあれば、イスラエルの国家全体の経済活動がストップする可能性もある。

また、イスラエルは歴史的に周辺諸国とのコンフリクト（争い）も多く、周辺には多くの国際的なテロ組織も存在する。その結果、同社は、サイバー攻撃の対象となりやすく、年間3億回をも超えるサイバー攻撃を受ける結果となっている。それだけの攻撃を日々受けながらも、その中で自社のオペレーションや資産をサイバー攻撃から守ることができる成功要因は何か。まさに、それは全事業関係者に対するサイバートレーニングの実施である。

よく、軍隊では「攻撃は最大の防御」という言い方をするが、攻撃主体の特定が難しいサイバー攻撃に関しては、最大の防御は防御でしかない。前述したように、サイバーセキュリティがすべての経済活動の基本インフラの一つであるという前提においては、IT部門やOT部門だけではなく、経営陣やマネジメント層、業務部、一般事務部門、取引先、新入社員など企業の経済活動のすべてのレイヤーで、サイバーセキュリティに関するリテラシーを高めることが唯一の組織的な防御のアプローチと言える。

フィッシングメール攻撃など侵入方法が多様化し、業務におけるIoT化が進む中では、IT部門だけが頑張ってもサイバー攻撃を早期発見することは難しい。最近は、日本でも非IT部門を含む全社的なリテラシーの底上げに取り組む企業が増えている。ハッカーはIT部門をあえて狙って攻撃を仕掛けるわけではない。弱いところから攻めるのが合理的な攻撃の基本原則である。

また、企業の取締役を対象とするサイバートレーニングに関しても需要が高まっている。企業トップのリテラシーが高まることで、日本企業のサイバー対策予算も増加傾向にある。日本企業でも多くの大企業がグループ全体で、積極的にセキュリティ教育や訓練に取り組んでいる。近年のセキュリティ対策の基本概念としては、サイバーレジリエンスという概念が一般化しており、セキュリティ対策は防御だけではなく、検知、対応、復旧などのインシデント発生以降の対応が重要であるとの考え方に基づく。

そのガイドラインとして、NIST-SP800などが各企業の指標とされているが、NIST-SP800にもサイバーセキュリティ意識向上教育とトレーニングの実施は記載されている。

また、そもそもの経営戦略の考え方として、経済安全保障を適切に考慮する必要がある。これまでは、サプライチェーンの構築一つとっても、比較優位性を原則とした経営的選択をしていたことであろう。これは政治的意図や背景にかかわらず、経済活動はあくまで中立的で自由な競争をすべきであるとの前提に立った戦略であった。しかし、昨今の国際政治・国際経済においては、技術や経済活動が政治的意図を達成するためのツールとして使用される状況が見え始めたことが、経済安全保障の議論の活発化を促す要因の一つと言える。当然に組織の経営者として、こうした前提の変化を考慮に入れた経営戦略を遂行していくことが求められている。その点でも、サイバーセキュリティは経営上の最も重要な課題であろう。

5-2 サイバー人材の育成

次に、サイバーセキュリティに関して最も重要な課題である、人材育成への取り組みについて具体的に考察したい。まず、サイバーセキュリティ対応に関する、組織内の各階層別の役割と責任について確認をする。

経営陣は、当然のことながら、インシデント発生時の方針決定と最終的な経営判断を行う。しかし最近では、方針決定と経営判断に基づく指示だけではなく、モニタリングなどの経過に関しても関与が求められている。すなわち、セキュリティ対策の中心的役割としての活動が求められており、対応を怠った場合には取締役としての善管注意義務違反に問われる可能性もある。

IT部門の担当者やエンジニアは対策実装や、運用管理、インシデント対処実行の中心人物となる。具体的な検知方法や、攻撃に対する防御だけではなく攻撃者の考え方も理解した運用管理と対処が求められる。

重要な役割を果たす従業員

一般の従業員は、サイバー攻撃の入口対策として重要な役割を果たす。従業員の「おかしい」と思う気づきや、日頃からの注意がサイバー攻撃の早期発見につながる。

エンジニアのトレーニングはもちろんのこと、今回のテーマでもある取締役のサイバー対応という点では、取締役に対するトレーニングは企業経営の中でもはや必須事項とも言える。多くの取締役は、サイバーリスクに関する理解があったとしても、実際にハッキングを受けた経験は恐らくそれほど多くはない。

また、自分たちが対峙するハッカーがどのような視点を持ち、何のために攻撃をし、どのような戦略・戦術で攻撃を行うかを理解しているわけではない。通常の商慣習と同様、取引相手をよく理解し、分析することは、サイバー対応に関しても成功のカギを握る非常に重要な要素である。通常の事業活動におけるリスクファクターとして、サイバーに関連するどのような潜在的なリスクが存在するかを理解し、そのリスクによるネガティブな影響を最小化するための「ミティゲーション・ファクター」に関して、十分な検討と準備をしておくことは、当然に善管注意義務の範囲と言える。

自社固有のサイバーリスクを把握した上での対応策の予算のアロケーション(配分)、技術・人材の獲得、人材教育、実際のインシデント発生時の迅速な意思決定など、多くのことが求められる。ハッカーとの交渉において優位に立つためには、通常の事業活動と同様に経験が必要であり、それを補うには実戦的なトレーニングしか方法がない。

ハッカーやテロ組織との交渉に実績がある外部コンサルタントと契約するのも効果的である。マルウェアに感染した場合に、身代金支払いの期限を要求されるわけだが、交渉によって期限延長ができた場合には、その間に被害対象や潜在的被害の重要度、被害規模を確認することができ、対応方法を検討する猶予ができる。

時間稼ぎは非常に重要な手段である。大企業の経営者であっても、ハッカーや国際的テロ組織との直接交渉をしたことがある経営者は稀であろう。また、弁護士であってもその経験値は期待できない。専門的な知識と経験を持った交渉官のアドバイスは、非常に有効である。

サイバー人材が30万人不足する日本

組織にとってのサイバー防御を考える際、最も大きな課題は人材確保である。サイバーセキュリティの人材獲得は、日本企業にとってはすでに大きな問題だ。経済産業省の公表資料[19]によると、2020年の段階でサイバー人材は、19万人足りないとされていた。現状では30万人、もしくはそれ以上の人材が不足している可能性がある。人材不足はさらに拡大するとも言われている。

---

19 「我が国のサイバーセキュリティ人材の現状について」
https://www.soumu.go.jp/main_content/000591470.pdf

一方で、グローバルでのサイバー人材の獲得状況を見た場合、高度IT人材に関して、すでにAIなどの注目度の高いテクノロジー専門分野については、先端を行く米国企業や中国企業と、日本企業の賃金格差は大きく開いている。昨今の円安も、状況をさらに悪化させている。米スタンフォード大学卒業のAI研究者などは、採用1年目で“億”を超える給与を手にすることもある。それに対して日本企業では、新入社員のエンジニアに対する給与として1,000万円でさえ超えることは稀である。サイバー分野のエンジニアの待遇は世界中で上昇傾向にある。

サイバーに関しては、テクノロジー分野の中でもボーダーレスの傾向がより強いが、このままだと、優秀な人材は日本企業から流出していくばかりである。グローバル人材の獲得競争においては、すでに日本企業はサイバーエンジニアにとって魅力的な就職先ではない。

世界トップクラスのグローバルクラスのエンジニアの採用が難しいとなると、組織が自身で人材を育てるしかない。サイバーセキュリティは、トピックとしてはコストセンターから投資対象としても認識されるようにはなったが、投資の観点で見た場合、自社内での人材育成が最も効率が良いと考えられる。

サイバー人材に関しては、それを軍隊と考えると、兵士も必要だが将校や将軍も必要となる。エンジニアだけではなく、総合的な人材育成が必要とされる。

サイバートレーニングによって、人材不足を早急に解消することが求められる。トレーニングベンダーの選択については、以下の点に留意したい。まず、定型のシナリオを利用した座学タイプのトレーニングだけでは不十分である。サイバー攻撃は日々複雑化、多角化しており、常に新しい攻撃シナリオを備えたトレーンングベンダーの採用がカギとなる。また、いかに顧客のオペレーションに即した実践的なトレーニングが可能か。またセキュリティエンジニアだけでなく、経営層や一般従業員、取引先など幅広い層を対象としたトレーニングが提供できるかも重要なポイントになる。

また、サイバーセキュリティのトレーニングベンダーはIT企業グループを背景とする事業者が多いが、昨今の傾向を見ると、制御系システムなどいわゆるOT分野でのノウハウも重要な要素となる。グローバルな情報収集体制・オペレーション体制を持ったベンダーは付加価値が高い。

外部パートナーとの連携も重要に

　さて、経営陣のトレーニングであるが、サイバーセキュリティへの対応を、基本的なリスクマネジメントとクライシスマネジメントの視点から考える。

　リスク対策会議などでよく見られる問題は、例えば二者択一の議論になってしまったり、理解の乏しい参加者が議論を逸らしてしまったり、一部の理解者のみで議論され、リスクのイメージの共有がなされずに議論が進んでいったりする状況が多かれ少なかれ見られる。また、クライシス対策会議でよく見られる問題は、影響に対する楽観的な解釈をしてしまったり、議論の錯綜や責任転嫁などが頻繁に生じてしまったりすることだ。

　では、危機を乗り切るために、経営陣はどのような議論をすればよいか。状況把握や利害関係者の分析を行い、さまざまな利害関係者の視点から検討を重ねるべきである。また適切な課題設定を行い、あらゆる選択肢を創造することも忘れてはならない。選択肢を可能な限り多く出してそれを評価し、意思決定することが必要である。

　組織的サイバー対応力の構築においては、人材育成に加え、新技術の獲得やノウハウ獲得などパートナーとの連携も重要である。グローバルなパートナーという意味では、日本にとってイスラエルは興味深いパートナー候補である。

　サイバーセキュリティに関しては、グローバル経済においては明確な線引きがあり、西側諸国の中では日本が唯一活用できる軍事技術を有する国がイスラエルと言える。イスラエルでは兵役制度があり、高校を卒業すると軍隊に所属する。中でもサイバー部隊はエリート部隊の一つであり、小学生からプログラミング教育を受け、テストを重ね、高校卒業後のサイバー部隊入隊を目指す学生が多い。戦争が身近な国であるからこそ、フィジカルな軍事行動を伴わないサイバー部隊を目指す学生が多いのもうなずける。またイスラエルでは、軍隊でも取得し開発した技術・ノウハウを、退役後に民間活用できるというユニークな背景がある。米国などでは軍事技術は当然に国家機密であり、民間での活用には制限が多い。

　また国民性としても、イスラエルでは、ビジネスでの成功をアントレプレナーとしての成功と重ねるビジネスマンも多い。こうしたユニークな背景をもとに、イスラエルはサイバーセキュリティの先進国となったのである。

　イスラエル人アントレプレナーにとっては、ファースト・プライオリティのターゲット市場は米国であるが、セカンド・プライオリティとして日本市場への注目が高まってきている。第2次世界大戦後、日本は安全保障関連の問題を米国に大きく依存してきた中で、経済安全保障としてのサイバーセキュリティに関しては、イスラエルと日本のパートナーシップへの期待は大きい。

実戦経験の乏しさや攻撃者目線など、日本企業に足りない部分をイスラエルに担ってもらうことには大きな効用があると言える。中国、ロシア、北朝鮮、イランなどの国が国家レベルでのサイバー攻撃力を高めている中で、日本は独自の努力だけでなく強力なパートナーが必要になっている。

ある意味で軍事的効率性を考えると、物理的なミサイル開発よりもサイバー人材の教育は低コストかつ高効率である。中国は急激にサイバー部隊の増強を進め、今や20万人規模の部隊を持つ。北朝鮮でも10万人規模のサイバー軍を要すると言われている。サイバーセキュリティでは、民間企業も軍事攻撃の対象になる可能性がある。日本も政府・民間ともに、サイバー人材の育成を国家の最重要課題として取り組むべきである。

３章のまとめ

◇組織内に存在しているデバイス、PCなどのエンドポイントからサーバー、ネットワーク機器、外部とのアクセス機器についてIT部署でしっかりと把握し管理することが重要である。その上で組織として予防、鍛錬、処置という３つのステップを踏むことが有効である。

◇サイバーBCPの構築が必要であり、IT部署やサイバーセキュリティ部署だけではなく、法務や財務、経理、広報、IR、人事など広範囲に及ぶ。

◇ランサムウェアはマルウェアの一種で、データやアプリケーションを暗号化してIT利用を妨げ、「元に戻してほしければ身代金を支払え」と脅迫する攻撃手法として使われる。

◇日本において取締役会は、専門人材なしでサイバーリスクに対処していくことが求められ、脅威の概要について認識しておかなければならない。

◇企業のセキュリティ対策には往々にして“抜け”“漏れ”があり、攻撃者目線では十分な対応がとられているとは言えない状況にある。

◇セキュリティ対策を考えるには、サイバー攻撃がどのような経路で発生し、組織のどこにリスクがあるかを理解しておくことが重要である。

◇外部からの攻撃に備える方法としては、ネットワークの出入口をチェックし、攻撃が発生していないかどうか定期的に確認したり、物理的な境界をまたがるアプリケーション・サービスを適切に監視したりするやり方がある。

◇SOCの設置やCSIRTと併せて、CISOの設置も必要とされるようになってきている。

◇経営陣、マネジメント層、業務部、一般事務部門、取引先、新入社員など企業の経済活動のすべてのレイヤーで、サイバーセキュリティに関するリテラシーを高めることが唯一の組織的な防御のアプローチと言える。

◇サイバー攻撃は日々複雑化、多角化しており、常に新しい攻撃シナリオを備えたトレーニングベンダーを活用し、トレーニングを実施しておく必要がある。

第4章

サイバーインシデント発生時の対応・復旧

1 改正個人情報保護法への対応

1-1 個人データの漏洩等発生時の義務および報告対象事態

2022年4月1日に施行された改正個人情報保護法における個人データの漏洩等が発生し、または発生のおそれがあるときの対応について説明する。

個人情報取扱事業者[20]は、取り扱う個人データ[21]の漏洩、滅失、毀損（以下「漏洩等」という）その他の個人データの安全の確保に関する個人情報保護委員会規則で定める事態が生じたときは、個人情報保護委員会などに報告する義務が規定された。また、個人情報取扱事業者は、個人情報保護委員会などへの報告義務の対象となる事態が生じた場合、原則として本人に対し、上記事態が生じた旨を通知する義務が規定された。

個人の権利利益を害するおそれが大きいものとして、規則[22]7条では以下の4つが定められている（カッコ書きは規則の概要における略称）。

①要配慮個人情報が含まれる個人データ（高度な暗号化その他の個人の権利利益を保護するために必要な措置を講じたものを除く。以下同じ）の漏洩等が発生し、又は発生したおそれがある事態（要配慮個人情報）

②不正に利用されることにより財産的被害が生じるおそれがある個人データの漏洩等が発生し、又は発生したおそれがある事態（財産的被害が発生するおそれがある場合）

---

20 個人情報取扱事業者とは、国や地方公共団体等を除いた個人情報データベース等を事業の用に供している者を言う（個人情報保護法16条2項）。

21 「個人データ」とは、「個人情報データベース等」を構成する個人情報を言い（個人情報保護法16条3項）、「個人情報データベース等」とは、特定の個人情報をコンピュータを用いて検索することができるように体系的に構成した、個人情報を含む情報の集合物を言う（個人情報保護法16条1項、同法ガイドライン（通則編）2-4）。

22 規則とは、「個人情報の保護に関する法律施行規則（平成28年個人情報保護委員会規則第3号）」を言う。

③不正の目的をもって行われたおそれがある個人データの漏洩等が発生し、又は発生したおそれがある事態（不正アクセス等故意によるもの）
④個人データに係る本人の数が1,000人を超える漏洩等が発生し、又は発生したおそれがある事態（1,000人を超える漏洩等）

個人情報取扱事業者は、①から④までに掲げる事態（以下「報告対象事態」という）を知った[23]ときは、個人情報保護委員会などに報告する義務および本人への通知等義務が必要となる。なお、報告対象事態に該当しない漏洩等事案であっても任意の報告ができるため、報告対象事態に該当するかの判断が不明または曖昧な場合には、任意の報告をする選択も可能である。

1-2　個人データの漏洩等

漏洩等とは、漏洩、滅失または毀損のことを指す。これらの定義と事例について解説する。

まず漏洩とは、個人データが外部に流出することを言う。事例としては、システムの設定ミスなどによりインターネット上で個人データの閲覧が可能な状態となっていた場合、サイバー攻撃による不正アクセスなどにより第三者に個人データを含む情報が窃取された場合などが該当する。ただし、これらの事態が生じたとしても、第三者に閲覧されないうちにすべてを回収した場合は漏洩に該当しない。

次に滅失とは、個人データの内容が失われることを言う。事例としては、個人情報データベースから出力された氏名が記載された帳票などを誤って廃棄した場合、個人データが記載または記録された書類・媒体を社内で紛失した場合などが該当する。なお、帳票が適切に廃棄されていない場合には、個人データの漏洩に該当し得る。

最後に毀損とは、個人データの内容が意図しない形で変更されることや、内容を保ちつつも利用不能な状態となることを言う。事例としては、個人データの内容が改ざんされた場合、ランサムウェアなどにより個人データが暗号化さ

23　個人情報保護法では、条文上「事態が生じた」となっているが、事態が生じたことを個人情報取扱事業者が即座に認識することは非常に困難であるため、個人情報保護法ガイドライン（通則編）では、個人情報取扱事業者が「事態を知った」ときを基準としている。

れ、復元できなくなった場合などが該当する。もっとも、これらの事態であっても、バックアップデータがあれば毀損に該当しない。また、昨今のランサムウェアは暗号化と同時にデータを窃取して、暗号資産を支払わなければ公表するとの恐喝を行うものが増加しており、この場合には個人データの毀損に加え、漏洩にも該当する。

なお、漏洩などが発生し、または発生したおそれがある個人データについて、高度な暗号化その他の個人の権利利益を保護するために必要な措置が講じられている場合には、報告は不要である[24]。

1-3 報告対象事態の事例

1-1項で述べた4つの報告対象事態の事例について紹介する。

①要配慮個人情報が対象となる事態は、従業員の健康診断等の結果を含む個人データが漏洩した場合などが該当する。

②財産的被害が発生するおそれがある事態は、ECサイトからクレジットカード番号を含む個人データが漏洩した場合、送金や決済機能のあるウェブサービスのログインIDとパスワードの組み合わせを含む個人データが漏洩した場合などが該当する。

③不正アクセス等故意による事態は、不正アクセスにより個人データが漏洩した場合、ランサムウェアなどにより個人データが暗号化され、復元できなくなった場合、従業員が顧客の個人データを不正に持ち出して第三者に提供した場合などが該当する。なお、サイバー攻撃の事案については、より詳細な事例

24 報告を要しない「漏洩等が発生し、または発生したおそれがある個人データについて、高度な暗号化等の秘匿化がされている場合」に該当するためには、当該漏洩等事案が生じた時点の技術水準に照らして、漏洩等が発生し、または発生したおそれがある個人データについて、これを第三者が見読可能な状態にすることが困難となるような暗号化等の技術的措置が講じられるとともに、そのような暗号化等の技術的措置が講じられた情報を見読可能な状態にするための手段が適切に管理されていることが必要と解されている。
第三者が見読可能な状態にすることが困難となるような暗号化等の技術的措置としては、適切な評価機関等により安全性が確認されている電子政府推奨暗号リストやISO/IEC18033などに掲載されている暗号技術が用いられ、それが適切に実装されていることが考えられる。
また、暗号化等の技術的措置が講じられた情報を見読可能な状態にするための手段が適切に管理されていると言えるためには、①暗号化した情報と復号鍵を分離するとともに復号鍵自体の漏洩を防止する適切な措置を講じていること、②遠隔操作により暗号化された情報もしくは復号鍵を削除する機能を備えていること、または③第三者が復号鍵を行使できないように設計されていること、のいずれかの要件を満たすことが必要と解されている。

が紹介されている。漏洩が発生したおそれがある事態に該当し得る事例としては、以下の4つが考えられている。

a)個人データを格納しているサーバーや当該サーバーにアクセス権限を有する端末において、外部からの不正アクセスによりデータが窃取された痕跡が認められた場合

b)個人データを格納しているサーバーや当該サーバーにアクセス権限を有する端末において、情報を窃取する振る舞いが判明しているマルウェアの感染が確認された場合

c)マルウェアに感染したコンピューターに不正な指令を送り、制御するサーバー（C&Cサーバー）が使用しているものとして知られているIPアドレス・Fully Qualified Domain Name（FQDN）への通信が確認された場合

d)不正検知を行う公的機関やセキュリティ・サービス・プロバイダー、専門家などの第三者から、漏洩のおそれについて一定の根拠に基づく連絡を受けた場合

④1,000人を超える事態は、システムの設定ミスなどによりインターネット上で個人データの閲覧が可能な状態となり、当該個人データに関する本人の数が1,000人を超える場合などが該当する。なお、事態を把握した当初は1,000人に満たないと考えられていたが、後の調査で1,000人を超えた場合には、超えた時点で④に該当すると考えられる。また、①から③に該当しつつ④にも該当する場合もあり、その場合は、両方に該当するものとして報告しなければならない。

報告対象事態における発生した「おそれ」とは、その時点で判明している事実関係からして、漏洩等が疑われるものの確証がない場合がこれに該当するとされ、かなり広範囲の事態が「おそれ」に該当することになると考えられる。

個人情報取扱事業者は、漏洩等またはそのおそれのある事案（以下「漏洩等事案」という）が発覚した場合は、漏洩等事案の内容に応じて、次の(1)から(5)に掲げる事項について必要な措置を講じなければならない。

(1)事業者内部における報告および被害の拡大防止

責任ある立場の者に直ちに報告するとともに、漏洩等事案による被害が発覚時よりも拡大しないよう必要な措置を講ずる。

⑵事実関係の調査および原因の究明

漏洩等事案の事実関係の調査および原因の究明に必要な措置を講ずる。

⑶影響範囲の特定

上記⑵で把握した事実関係による影響範囲の特定のために必要な措置を講ずる。

⑷再発防止策の検討および実施

上記⑵の結果を踏まえ、漏洩等事案の再発防止策の検討および実施に必要な措置を講ずる。

⑸個人情報保護委員会等への報告および本人への通知

個人情報保護委員会等への報告および本人への通知が必要な対応は、次項で解説する。また、漏洩等事案の内容に応じて、2次被害の防止、類似事案の発生防止などの観点から事実関係および再発防止策について、速やかに公表することが望ましいとされている。

1-4 個人情報保護委員会等への報告

個人情報取扱事業者が漏洩等事案のうち、報告対象事態に該当することを知ったときは、速やかに個人情報保護委員会に報告しなければならない。ただし、報告を受理する権限が事業所管大臣に委任されている場合には、当該事業所管大臣に報告する。

報告期限の起算点となる「知った」時点について、個別の事案ごとに判断されるが、部署内のある従業員が報告対象事態を知った時点で「部署が知った」と考えられている。なお、従業員などの不正な持ち出しの事案においては、不正な持ち出しを行った従業員などを除いた上で判断する。また、「速やか」の日数の目安は、おおむね3～5日以内とされている。

個人情報保護委員会等へ報告しなければならない項目は以下の通りである。

⑴概要

当該事態の概要について、発生日、発覚日、発生事案、発見者、規則7条各号該当性、委託元および委託先の有無、事実経過などを報告する。

⑵漏洩等が発生し、または発生したおそれがある個人データの項目

漏洩等が発生し、または発生したおそれがある個人データの項目について、媒体や種類（顧客情報、従業員情報の別等）とともに報告する。

⑶漏洩等が発生し、または発生したおそれがある個人データに関する本人の数

漏洩等が発生し、または発生したおそれがある個人データに関する本人の数について報告する。

⑷原因

当該事態が発生した原因について、当該事態が発生した主体（報告者または委託先）とともに報告する。

⑸２次被害またはそのおそれの有無およびその内容

当該事態に起因して発生する被害、またはそのおそれの有無およびその内容について報告する。

⑹本人への対応の実施状況

当該事態を知った後、本人に対して行った措置（通知を含む）の実施状況について報告する。

⑺公表の実施状況

当該事態に関する公表の実施状況について報告する。

⑻再発防止のための措置

漏洩等事案が再発することを防止するために講ずる措置について、実施済の措置と今後実施予定の措置に分けて報告する。

⑼その他参考となる事項

上記の⑴から⑼までの事項を補完するため、個人情報保護委員会が当該事態を把握する上で参考となる事項を報告する。

個人情報保護委員会等への報告は、原則として個人情報保護委員会のホームページの報告フォーム[25]に入力する方法により行うので、抜けや漏れは生じないと考えられる。なお、速報時の報告内容は、報告時点において把握している内容を報告すれば足りる。

速報に加え、報告対象事態を知ったときから、30日以内（前述③の事態は60日以内）に個人情報保護委員会または事業所管大臣に確報を報告しなければならない。なお、個人情報取扱事業者は、合理的な努力を尽くした上で、報告の時点で把握している内容を報告した場合には、その後、報告内容が客観的に誤っていることが判明したとしても、報告義務違反には該当しないと考えら

25　https://www.ppc.go.jp/personalinfo/legal/leakAction/

れる。また、確報時はすべての事項を報告しなければならないが、合理的な努力を尽くした上で、報告期限までに一部の事項が判明していない場合にはその時点で把握している内容を報告し、判明次第、報告を追完することが考えられる。

1-1項で述べた③不正アクセス等故意による個人データの漏洩等が発生し、または発生したおそれがある事態に該当する場合、すなわちサイバー攻撃などによる個人データが漏洩等した、またはそのおそれがあるような場合には前述の報告フォームにおいて、「外部機関による調査の実施状況」の項目があり、「予定なし」を選択する場合には、「外部機関による調査を実施しない理由」を記載する必要がある。これは、サイバー攻撃による個人データが漏洩等した、またはそのおそれのある事態が生じた場合は、合理的努力として調査能力の高い外部機関による調査を実施することが求められていると思われる。

1-5 本人への通知等

個人情報取扱事業者は、報告対象事態を知ったときは当該事態の状況に応じて、速やかに本人への通知を行わなければならない。ただし、本人に通知することでかえって被害が拡大するおそれがある場合や、漏洩等のおそれが生じたものの事案がほとんど判明しておらず、その時点で本人に通知したとしても、本人がその権利利益を保護するための措置を講じられる見込みがなく、かえって混乱が生じるおそれがある場合には、この時点において本人への通知を行う必要はないと考えられる。

本人に通知すべき項目は以下の通りである。

⑴概要

⑵漏洩等が発生し、または発生したおそれがある個人データの項目

⑶原因

⑷2次被害またはそのおそれの有無およびその内容

⑸その他参考となる事項

本人への通知の様式が法令上定められていないため、文書を郵便などで送付すること、電子メールを送信することなどであっても構わないが、本人の複数

の連絡手段を有している場合において、一つの手段で連絡ができなかったとしても、直ちに「本人への通知が困難である場合」に該当するものではなく、文書を郵送などで送付することにより通知しようとしたものの、本人が居住していないとして当該文書が還付された場合には、別途電話により連絡することが考えられ、この場合にも連絡が取れない場合には、本人への通知が困難である場合に該当すると考えられる。

したがって、メールなどで本人への通知を実施する場合はそれほど費用がかかるわけではないが、電話や文書などによる通知の実施は、漏洩等が発生し、または発生したおそれがある事態の本人の数が大量になる場合は、膨大な費用がかかることになる。このような費用も鑑み、漏洩等が発生した場合の対応費用を準備しておく。準備が困難な場合には、サイバー保険による補償が受けられるかどうかを考慮しておく必要がある。

本人への通知が困難な場合は、本人の権利利益を保護するために必要な代替措置を講ずることが認められる。代替措置は、事案の公表や問合せ窓口を用意してその連絡先を公表し、本人が自らの個人データが対象となっているか否かを確認できるようにする方法などがある。

1-6　法令違反の場合

個人情報保護法上、個人データの漏洩等が発生し、または発生したおそれのある一定の事態の場合に、個人情報保護委員会等への報告および本人への通知等義務が課されることとなっている。当該義務に違反すると判断されれば、個人情報保護委員会が、個人の権利利益を保護するため必要があると認めた場合には講ずべき期間を定めた勧告が、正当な理由なく勧告に関する措置を講じなかった場合に個人の重大な権利利益の侵害が切迫していると認めた場合には講ずべき期間を定めた命令が、それぞれ発せられる。発せられた命令に関わる措置が講じられない場合は公表の対象となることや、罰則（個人の場合は1年以下の懲役または100万円以下の罰金、法人の場合は1億円以下の罰金刑）が適用される。

また、個人情報保護委員会は事案の性質などに応じ、国民への情報提供の観点から権限行使についての公表が行われることもある。

以上から、まずは報告対象事態が生じた場合に、個人情報取扱事業者における従業員が知った時点で速報および確報の起算点になるため、このような事態を従業員が知った場合には個人情報取扱担当部署に報告する体制を構築しておく必要がある。また、報告対象事態が生じた場合に、合理的な努力を尽くしたと言えるような調査が可能な体制を構築し、このような調査ができないのであれば外部機関と平時の段階から連携を取れる体制を構築しておかなければならない。

2　インシデント対応

2-1　増大するランサムウェアの脅威

近年のインシデントの傾向

近年のインシデントの傾向としてまず挙げられるのが、第3章2節でも解説したが、ランサムウェアによる脅威の増大である。ランサムウェアの攻撃によって、社内システムが停止することもある。ITが広く浸透した今日では多くの場合、それは業務停止を意味する。事業継続に関わる問題なのである。

典型的なランサムウェアはPC・サーバーに蓄積されたデータやシステムを暗号化し、暗号カギと引き換えに身代金を要求する攻撃手法であった。その後、重要データを抜き取った上で、「データを公開する」と脅して身代金を要求するようにもなった。「暗号カギを渡して欲しければ」と金銭を要求し、さらに「盗んだデータを漏らされたくなければ」と2度目の脅しが行われる二重脅迫型のランサムウェアが増えている。

2010年代の前半頃まで、ランサムウェアの主たる標的は個人だった。メールやウェブサイトを介してマルウェアを送り込み、個人PCのデータを暗号化する。相手が個人のため、要求額は数万円程度だった。攻撃者にとってはさほどの実入りにならないものの、攻撃そのものをほぼ自動化できるので小銭稼ぎにはなる。手間のかからない攻撃ツールはダークウェブ上で提供されている。そうしたツールを使って、100回攻撃して1回成功すれば儲けものという感覚だろう。

ランサムウェアの拡大の背景には、暗号資産の発展がある。身代金を要求するとき、銀行口座は使いにくい。検挙される可能性が高いからだ。暗号資産なら、低リスクで金銭の受け取りができる。暗号資産がなければ、ランサムウェアの脅威がこれほど増大することはなかっただろう。

2010年代の半ば頃から、ランサムウェアのターゲットは企業へとシフトする。個人よりも企業の方が儲かると攻撃者は考えた。おそらく、そこには攻撃者なりの学習と反省があったのではないか。

例えば、ばらまき型で個人を標的にすると、暗号資産のウォレットは固定しがちだ。標的となる個人ごとに、異なるウォレットを用意するような細かなコントロールは難しい。ウォレットが固定すれば捜査しやすいので、攻撃者にとってはリスクとなる。

また、個人のITリテラシーは多様である。PC初心者が被害を受けた場合、暗号資産で身代金を払った後、暗号カギによる復号の手順がわからず立ち往生することがある。苦情を受けた攻撃者は、復号[26]できるようサポートする。ランサムウェア攻撃は一種の評判商売である。ネット上で「身代金を払ったのに復号できなかった」という書き込みが増えれば、先々の成果が細ってしまう。悪評の多い攻撃グループに対して、被害者は「どうせ復号できないだろう」と考えて身代金を払わなくなる。

攻撃者にとってサポート体制の充実は、実は大きな課題なのである。サポートのための工数がかかる一方で、個人相手の収入は少ない。

狙われる企業

そこで目をつけたのが企業である。企業が相手なら、ケタ違いの身代金を期待できる。企業にマルウェアを送り込む手法は、個人が標的の場合とさほど変わらない。多く利用されているのがSNSだ。SNSでメールアドレスを見つけて、組織内に攻撃メールをばらまく。その際、攻撃者は手間をかけ、標的となる企業をリサーチしている。

次の攻撃プロセスはほぼ自動だ。アンダーグラウンドのサイトで売買されている攻撃ツールを駆使して、企業内で蓄積された文書などのデータ、あるいはPCやサーバーを丸ごと暗号化する。

暗号化や情報の窃取に成功すると、攻撃者は企業に脅迫メッセージを送る。ランサムノートと呼ばれる身代金要求文書が、あるとき突然、職場のPCに現れる。ただ、盗んだり暗号化したりしたデータの重要度が低ければ、その脅迫を無視する企業もある。

そこで、攻撃者はより重要度の高いデータやシステムを狙うようになった。

---

26 データを元に戻すこと

当然、その守りは固いはずだ。こうして、攻撃の高度化・巧妙化が進んだ。単独作業では限界があるので、専門知識を持つメンバーが集まるグループ化も進行した。

一方で、攻撃対象は一般企業だけでなく、医療機関や重要インフラにも広がる。少しでも業務が止まると大きな被害が発生するような、センシティブなシステムは格好のターゲットだ。重要なデータやシステムの暗号化や窃取ができれば、大きな利益を期待できる。

企業にとってサイバー攻撃による被害は、消えることのないリスクとして定着した。冒頭で述べたように、それは身代金だけの問題ではなく、事業継続に対する脅威だ。例えば、販売管理や在庫管理のシステム、会計システムが止まれば営業活動、事業活動そのものが停止しかねない。現場任せではなく、経営者のコミットメントとリーダーシップが求められている。

経営者には日頃から情報セキュリティ担当者、CSIRTのメンバーなどと議論を重ね、サイバー脅威と対策への理解を深める努力が必要だ。同時に、セキュリティ対策のレベルアップを図る。こうしたコミュニケーションは、攻撃を受けた緊急時にも大きな力を発揮するはずだ。

2-2　検知から初動対応、封じ込め、除去、復旧準備、縮退運用

イベントの発生に気づく

本項ではいつか来てもおかしくないサイバー攻撃に備えるべく、特にインシデント対応のプロセスについて述べたい。

インシデントは、情報セキュリティを脅かす事象全般を意味する。その前段階、インシデントかも知れないし、そうでないかも知れない何らかの兆候はまだインシデントとして未確定であることから「異常値の検知」、もしくは「イベント」と呼ばれることが多い。例えば、誤検知や過検知などがイベントの一種と考えられる。

まず指摘したいのは、これらのイベントの発生に気づかない企業が多いことである。サイバー攻撃を受けて、重要情報を抜き取られている可能性が否定できないにもかかわらず、である。過去の事例から見ても、企業にとって最悪のパターンは、取引先からの連絡で自社の情報漏洩を知らされることだ。あるいは、攻撃者による暴露もあり得る。まれに、「A社を攻撃した。これが証拠の

スクリーンショットだ」とブログなどで“戦果”を自慢する攻撃者もいる。いずれも、企業としての信用に関わる問題だ。

図4-1は、インシデント対応プロセスの全体像を示したものである。また、章末コラム内で関連図表を紹介した。なお、参考のため各プロセスに要する時間を記した。ここでは、実務に即してリーズナブルな時間軸を提示している。

インシデント対応において、スピードは極めて重要である。早期の検知は、結果として被害範囲の最小化を意味する。経営者にはシステム停止やインターネットからの断線など、高度で迅速な判断が求められる場面も多い。各プロセスをスピーディーに進めるためには、平時からの備えが欠かせない。万一に備えた手順などの準備、サイバー攻撃を想定した机上演習などのトレーニングなどである。

システム停止が業務の停止に直結する時代、復旧までに時間がかかれば、それだけ損失は拡大する。ダメージを最小化するためには、平時の備えが欠かせない。

多くの企業はサイバー攻撃を監視・検知するための仕組みを導入している。何らかの異常があれば、アラートが通知される（セキュリティイベントの発生）。ここで、イベントかインシデントかをある程度見極める必要がある。このような検知プロセスに要する時間は理想的には30分だが、現実的に譲歩しても180分以内に収めたいところだ。

イベント発生時点では、誤検知の類かインシデントなのかを判断できないことが多い。脅迫文が表示されれば、最初からインシデントであることはほぼ確定している。ただ、通常はグレーの状態からスタートするケースが多い。そして、インシデントと判断すれば初動対応に進む。

こうした判断を迅速に行うために、インシデントか否かの判断基準、対処の優先度を定めたトリアージなどの基準を平時に整備しておくことが望ましい。また、イベントかインシデントかの線引きは、インシデントの可能性を高めに見積もって厳しめに判断すべきだろう。

初動対応からは、2つのプロセスに分岐する。図4-1の上段が封じ込めや除去などを経て復旧へと進むプロセス、下段が調査や分析、報告などのプロセスである。まず、上段のプロセスについて説明する。

初動対応に要する時間は数時間以内を目安とする。まず、あらかじめ定めた

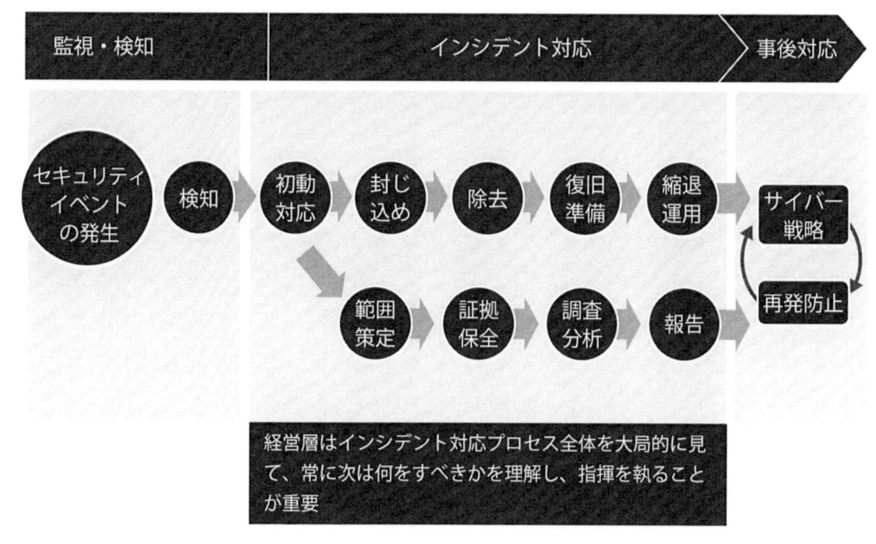

図4-1　インシデント対応プロセスの全体像と用語定義

基準に則り、検出した異常値を精査する。先入観にとらわれず、最悪の事態を想定して対応することが重要だ。この段階ではすでに外部の専門家が参画しているケースが多いが、社内システム部門などが対応する場合もある。

被害拡大防止のための暫定措置も重要だ。例えば、インターネットから社内ネットワークを分離すれば、攻撃者は入ってこられなくなる。しかし、すべてのシステムを切り離せば、ビジネスへの影響は極めて大きい。

この段階で、CSIRT[27]など社内関係者との連携の準備が始まる。早期の第一報が、その後の流れをスムーズなものにする。CSIRTメンバーは通常業務を抱えていることが多い。各メンバーの工夫によって、インシデント対応のための時間的な余裕をつくることもできるだろう。また、早期段階での社外の調査専門家や危機管理専門家との連携も必要不可欠である。社内外の関係者との連携については後述する。

インシデント対応が必要になった場合、滞りなく関係者が連携できるようスピードを重視して脅威分析を実施する。また、インシデントの可能性が高まっ

27　117ページ参照

た段階では、インシデント対応に必要な情報を時系列で整理しておくことにも留意したい。調査分析や報告など後工程のためにも、時系列での記録は極めて重要だ。

封じ込めのプロセス

次に、封じ込めのプロセスである。先に触れたネットワーク遮断に加え、ファイアウォールのルール変更によって、一部外部との通信を止めるなどの措置が考えられる。その際、この通信は残す、この通信は止めるなどの取捨選択が求められる。システムやネットワークを止めれば、影響が社外にも及ぶこともある。ネットワーク担当や業務担当などの現場レベルではなく、経営レベルの判断が強く求められる。

初動での封じ込めは、数時間以内で行えることから即実行する。ただし、その時間でできるのは止血程度の措置である。すべての作業が数時間で完了することはなく、その後も封じ込めプロセスは続くと考えておくべきだろう。この際によくある遅延の原因として、封じ込めの影響範囲が想定できず責任問題になることを懸念し、作業者が躊躇(ちゅうちょ)してしまうことが挙げられる。経営層からはこのような事態を起こさぬように、報告を待たずに指示できる体制を維持することが望ましい。

除去プロセスの目的は、究極的にはクリーンな環境を取り戻すことにある。調査において新たな脅威が見つかれば、そのたびに除去が必要になる。調査チームとの情報共有・連携は欠かせない。

図4-1では脅威の除去に数時間～数日と記したが、これはあくまでも初期段階における暫定的なものだ。脅威をすべて除去するには、数か月を要するケースも少なくない。

脅威の除去の次には復旧準備へと進むが、復旧を急ぎ過ぎて失敗することがよくある。各部門は一刻も早い業務再開を求めており、社内からの復旧への圧力が強いのは当然だ。しかし、原因調査が終わるまで攻撃手法を特定することは困難で、初期に不確定要素としての脅威が残っている段階で復旧を焦って再構築を行うと、復旧したシステムが再感染する場合が多くある。いわば、もぐら叩きのように根本治療を終えるまで感染が再発生し、なかなか前に進めなくなる。こうした事態を避けるためにも、除去から復旧準備への移行にはクリーンな環境での再構築と、ある程度のリスクを許容した業務縮退運営の検討などの慎重な見極めが求められる。したがって、復旧準備においては、業務復旧のためのクリーンな環境とデータが必要となる。要する時間の目安は数日程度だが、ここで指針となるのがBCPである。

多くの企業はすでに自然災害を想定したBCPを策定している。もしサイバー攻撃を想定したBCPの用意がない場合には、早急に既存のBCPを見直し、サイバーリスクの要素を加える必要がある。ここで欠かせないのが、経営による優先度判断だ。サイバー攻撃の範囲などにもよるが、通常、すべての業務を一気に再開することは難しい。

最低限どの業務を動かす必要があるか、どの業務は後回しにすべきか。各部門は自分たちの業務こそ最優先と考えがちであり、優先順位は組織全体を俯瞰できる経営者にしか決められない。とはいえ、中核的な業務プロセスをすぐに特定し指示できる企業は少ないだろう。どの業務プロセスを優先すべきかを決めるために、インシデントの最中、各部門へのヒアリングが必要になる企業もある。このような時間を短縮するためにも、BCPの充実や組織にとって根幹となる業務プロセスの特定など、平時からの備えが重要になる。

優先度の高い業務を選択した後に、縮退運用がスタートする。縮退運用のプロセスは1～2週間以内。除去などのプロセスの進捗を見ながら徐々に運用範囲を拡大し、業務復旧を拡充していくという流れだ。

業務停止による損失を抑制するためには、最低限だったとしても業務をできるだけ安全、かつ早期に動かすことが求められる。その際、取引先などシステム連携相手への配慮も欠かせない。縮退運用の形態などについて、従来は自動的にデータが連携していることも多くあり、「それではウチが困る」という反応が返ってくるかもしれない。微妙な問題だけに、細心の注意と丁寧な対応が求められる。

2-3　範囲策定から証拠保全、調査分析、報告

前項に並んで、「封じ込めから復旧」と並行して進み、**図4-1**の下段に位置する「範囲の策定から報告」に至る、いわゆる「インシデント調査」プロセスがある。

範囲策定は初動対応で発見した事実をもとに、インシデント調査の目的、手

法、対象、期間、費用見積りをまとめる。高度な専門性が求められるだけに、外部の専門家に依頼することを強く推奨する。

脅威の所在を十分に把握していない段階では、調査範囲の策定には進みにくく、かと言って青天井で調査を依頼することも予算の承認が困難となることから憚られる、非常に悩ましい状況だ。範囲の策定にかけられる時間は1～2日程度で、「ここにも脅威が存在している可能性がある」との推定を含めて、ある程度の妥当性を持ちつつ、スピード感を重視して範囲を策定することを重要視したい。ここで不作為に合意形成のために時間を浪費すると、原因と被害の特定を遅らせることになり、結果として復旧の遅延、すなわち損失拡大の助長につながる。後述する通り、調査スコープが調査の過程で拡大することは往々にして起こるため、この段階で精緻な範囲と見積りを得ることは不可能と理解しなければならない。

証拠保全プロセスでは、調査のためのデータやエビデンスの収集を行う。留意したいのは、調査スコープが変わる事態も視野に入れた、保全範囲を広めに実施する必要性である。証拠保全には台数やデータ量に応じて半日から数週間程度かかる。時間の幅が広いのは、保全の過程でさまざまな技術的障害が発生することもあるからである。また、対象データによっては時間の経過とともに一定の周期で上書きされ、後日に調査が必要となっても取得不可能になることがある。データの取得が困難な場合でも、調査が不十分であると監督官庁などに指摘された場合、企業は再調査を余儀なく実施することになる。その場合、大抵は企業が当初想定したより大規模な調査が本来は必要だったことを知ることになり、結果として調査は二重でコストは膨大になった事例が過去には多くある。

調査分析においては、原因分析と被害範囲の分析が行われる。「攻撃手法はどのようなものか？」「どこで何が実行され、どのような被害があったのか？」「被害を免れたデータは安全なのか？」「情報漏洩の有無は？」「漏洩したデータは特定できるのか？」などの疑問に対して、調査分析の結果が報告書としてまとめられる。

サイバー攻撃によって被害を受けた企業は、場合によっては裁判で経営責任が問われたり、マルウェアによっては加害者となったりする可能性もある。訴訟において、報告書の位置付けは重要だ。報告書には法廷における証拠能力に限らず、社外に対しての説明責任を全うするための正確かつ盤石な文書としての意味付けを持たせる必要がある。

社外へ説得力のある説明をすることからも、こうした調査分析を担うのは通常、第三者である外部の専門企業だ。そして調査方針や報告書作成の段階では、こうした専門企業との綿密なコミュニケーションが重要となる。その過程で十分なやり取りをすることで、発見事項などは並走している封じ込めや除去などのプロセスへ反映が必要だからである。

報告書作成において、粒度をコントロールするという意味でいくつかのバージョンが発生することを想定しておきたい。まずは最も率直なバージョンを自社向けに社外秘の草案として作成し、事実認識を自社内の特定関係者のみで行う。この時点で精緻な技術的要素は別紙にまとめ、エグゼクティブサマリーに始まる一般的な知識で、事象を細かく理解できる表現になっていることが重要である。

次に提出が拒否できない監督官庁などに提出するバージョンは、弁護士や危機管理の専門家を含めて粒度や表現に細心の注意を払い、提出物として文章を最終化する。また、取引先から報告書を要求されて、応じざるを得ないこともある。この場合には自社のセキュリティに関わる詳細は不要であり、説明責任を果たせるよう誠意を保ちつつ、粒度を改めたバージョンを専門家の助言を交えながら作成する。取引先などからは加害者のように執拗に責められ、いささか過剰とも思える対応や情報開示を要求されることもある。インシデント後の関係性も重要だが、どこまで真摯に対応するかは経営層のみが決められる領域とも言える。

複数のパターンを作成することに違和感を持つ向きもあるかも知れないが、これは相手によって別の顔を見せるということではない。それぞれの内容に矛盾があってはならず、どこかに虚偽があってもならない。いかなる状況においても報告書にウソは厳禁である。

以上のような2つのプロセスを並行して進め、縮退運用とインシデント最終報告会までたどり着いたとしよう。一般的にはインシデント発生から4～8週間で到達する傾向が強い。次に、被害を受けた経験を踏まえて再発防止策を策定するとともに、サイバー戦略を見直す必要がある。報告書には原因や被害状況だけでなく、改善に必要な推奨事項なども記載することが多い。これらの反省点なども念頭に入れ、自社のサイバー戦略を吟味するのである。

その際、今後の投資対象や優先順位の再検討が欠かせない。従来のサイバー戦略における投資額、その配分の妥当性なども検証しつつ、再発防止策や新たなサイバー戦略を策定する。そして、いつまでに何をするかを記したロードマップを作成する。それは、ステークホルダーへの説明責任を果たす際にも必ず問われることになる。

一連のインシデント対応プロセスを通じて、説明責任は常に意識しておく必要がある。この点については後述したい。

再発防止策や新サイバー戦略を策定した後には、それを実行しつつPDCAなどの改善サイクルを組織的に回す取り組みが続く。攻撃手法の高度化を含め、外部環境は常に変化している。こうした環境変化に応じて、自社の戦略や対策なども進化し続けなければならない。

2-4 多様な関係者、当局との関係を制御する

内外関係者とのコミュニケーション

インシデント対応プロセスにおいては、社内外の関係者とのコミュニケーションが重要だ。多様な情報が錯綜する中、適切な情報の共有と連携を進めるのは容易なことではない。そうした情報を適切に共有し、一元的に統制する上で対策本部やPMO（Project Management Office）の役割は大きい。

図4-2はセキュリティイベントの発生から、時系列に従って社内外の関係先との連携についてまとめたものである。この図は、あくまでも一例を示したものだ。情報システム担当とセキュリティを担当するCISOが分かれている場合を想定している。

イベント発生の連絡先はCISOやIT担当などである。ITベンダーにシステム運用などを委託している企業の場合、ITベンダーの窓口となる外注管理担当者の役割も大きい。システム停止の可能性もあるので、いくつかのITベンダーに対して状況説明が必要になることがある。

インシデントの可能性が高まった段階で、社外取締役を含む経営層にも伝達する準備を始める。というのは、インシデント対応には相当の費用がかかるからだ。被害の規模にもよるが、取締役会の承認が必要になるだろう。

同じタイミングで、CSIRTを招集をかける。一般に、CSIRTは広報や総務、法務、財務経理、事業部、精算、海外などを担当するメンバーで構成さ

ネットワーク構成の脆弱性が未対応の場合、被害が広範囲となり復旧に数か月を要するケースが多いが、インシデントの規模にかかわらず作業タスクと検討事項が複数が同時に走り、数百～千件を超えることも珍しくない

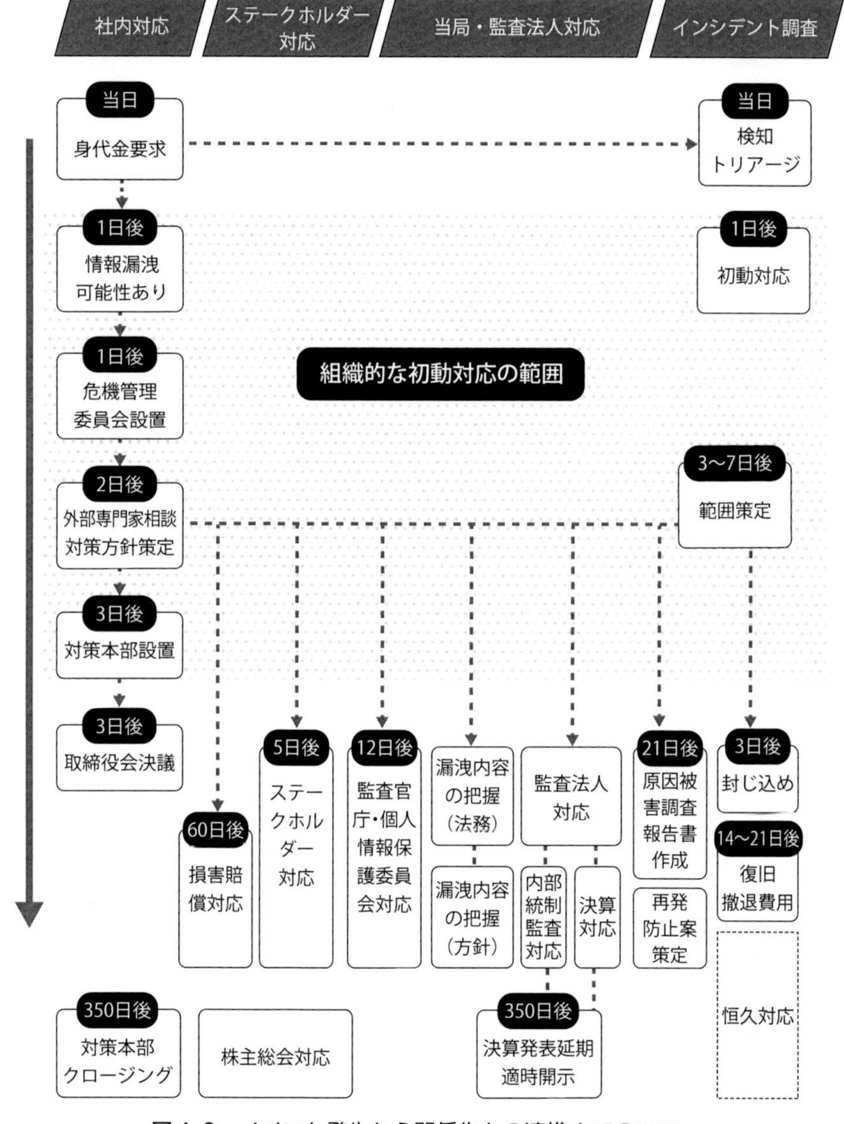

図4-2　イベント発生から関係先との連携までのフロー

れ、危機管理チームとしての役割を担う。このほか、社内幹部にはインシデント対応がスタートする可能性を伝える必要がある。そして、インシデントが確定すれば対策本部とPMOなどの臨時組織を設置する。

外部の専門企業への依頼は通常、イベント発生の直後に行われる。その後の調査分析、報告書作成などの各プロセスで専門企業の役割は大きい。それだけに、イベントが発生してから専門企業を探すようでは、ほとんど手遅れと言ってもいい。

専門企業の能力を調べたり、親しい企業のセキュリティ担当者に尋ねたりするなどして知識を蓄えた上で、自社にとって相応しい優れた専門企業との関係を平時から構築する。前もって「いざというときはお願いします」と伝えておくのである。付き合いのない企業から突然、「明日から来てほしい」といわれても、評価の高い専門企業が即座に期待に応えられるようになるには数日以上の時間を要するだろう。弁護士との関係づくりにも似ている。

ただ、顧問弁護士がいる場合には繊細な配慮が求められる。顧問弁護士がサイバー攻撃に詳しいケースは稀だ。多くの企業は顧問ではない、サイバーや危機管理の専門性を持つ弁護士に依頼することになる。顧問弁護士に対しては平時に、「もしサイバー攻撃が発生したときは、別の先生にお願いすることになると思います」と伝えておくべきだろう。つまりは同時に、いざというときは専門の弁護士とも連携できるような準備が必要になる。

報告・相談・通報について

初動対応の段階では、監督官庁や個人情報保護委員会への報告に加え、警察への相談や通報などのタイミングにも注意が必要だ。こうした諸機関とのやり取りについては、経験が豊富な危機管理の専門家や弁護士に助言を求めるべきだろう。

上場企業の場合には、監査法人とのコミュニケーションも必須となる。サイバー攻撃を受けたことで、業績の見通しに変更が必要か。また、会計システムに影響が及んでいた場合、決算関係のデータは無事かどうか。決算のスケジュールを見直すべきか。監査法人はさまざまな懸念を持つはずだ。

決算発表が何度も遅れたり、公表した決算の信頼性が疑われたりすれば、最悪の場合には上場廃止に至る可能性もある。監査法人としてはその企業を何とか助けたいと思っているのだが、あくまでも独立した監査を行う立場なので、インシデント対応の支援はほぼ不可能である。そこで、平時から自社担当ではない監査法人系の危機管理部門や、IT統制の専門家などと連絡を取れる程度の関係を構築しておくことが望ましい。

身代金を要求された場合の対応は難しい。経営者には業務を再開する責任があるが、警察に相談すれば「払わないでください」と言われる。ただし、身代金を支払うことが違法行為かと言うと、厳密にはそうとも言い切れない。グレーなエリアである。身代金を支払う企業があるのも確かであり、いずれの道を選ぶにせよ、経営者は苦しい決断を迫られることになる。

当局とのやり取りにおいては、必要な情報を過不足なく伝えることが重要だ。それは、広報対応にも言えることである。特に、初期段階では事実確認が進んでおらず、被害状況などについて公表できる材料はほとんどない。どのタイミングでプレスリリースを出すのか、その内容をどうするのか、慎重に吟味する必要がある。

その際、発信する情報が二転三転することは避けなければならない。それは発表内容の信憑性そのものを低下させる。例えば、個人情報が漏洩した場合、最初に1,000件と発表した後、「実は1万件でした」と訂正すれば、企業イメージは悪化する。漏洩件数の確定値を発表するか、それとも可能性としての最大値を発表するかという問題もある。それは、調査分析の状況やビジネスの特性などを勘案した上で、経営者が総合的に判断すべきものである。そして、これらの普段馴染みのない状況を「危機管理対応」の分野として専門としているプロフェッショナルが存在し、彼らの助言をもとに適宜適切な意思決定を行えるように備えたい。

Column

初動対応で注意するポイント

インシデント対応において、初動対応は極めて重要である。初動対応で適切な動きができたら、後工程はスムーズに進みやすい。逆に初動で誤ると、後工程は次々と困難に直面することだろう。そこで、初動対応に焦点を当てて、注意すべきポイントなどを解説する。

初動対応において意識すべき点は大きく2つある。

第1が、被害範囲の拡大防止である。攻撃を検知してから対策までに時間がかかれば、被害は拡大する。スピード重視で対応しなければならないが、俯瞰(ふかん)的な視点も失ってはならない。特に、昨今はサプライチェーン攻撃と呼ばれるサイバー攻撃が増えている。取引先やグループ企業などを踏み台に、標的の企業に侵入するようなタイプの攻撃だ。被害が自社にとどまっているとは限らず、他社に対して「加害者」の立場に立っている可能性もある。このような意味でも、被害範囲を常に意識する必要がある。

第2が、再発防止のための説明責任を果たすことだ。ステークホルダーや社会に対して、企業としての説明責任を果たすのは当然のことだ。ただ、攻撃を受けた当初はどうしても被害者意識を拭えず、説明責任への意識が薄れることがある。逆に、きちんと説明責任を果たすことで、取引先などからの評価を高めるケースもある。危機に直面したとき、企業の真価が問われると考えるべきだろう。近年では、この対応能力の高さが「レジリエンス」であるという声も大きい。

ここで初動対応への向き合い方、心構えについて考えてみたい。3つのポイントを指摘したい。

1つ目は、冷静な判断である。インシデント発生後には、PCの画面に怪しげな脅迫文が出現したりする。焦ってしまいがちだが、冷静さを失わないことが肝要だ。パニックに陥ることがあれば、異常に気づいていきなり機器を初期化し、大事な証拠が失われる場合もある。異常だと思っても、誤検知や勘違いの可能性もある。あらかじめ定められた報告先に連絡して指示を仰ぐなど、冷静なエスカレーションが求められる。

2つ目は、関係者と密に連携し事象の分析を実施することだ。社内リソースでどこまで技術的、専門的な対応が可能なのかを判断した上で、外部の専門家との役割分担や連携形態などを検討、決定する必要がある。インシデント対応プロセスを通じて、社内外の関係者との緊密なコミュニケーションを維持しなければならない。

3つ目は、時系列での文書化だ。いつ、どのような事象があったか、何を検討したか、どう対処したか、その結果はどうだったか。こうした事実を詳細に、何時何分というレベルで記録するのである。例えば、ある時点で推定された攻撃手法が、その後の調査によって別の攻撃手法だったとわかることがある。詳細な記録は、調査の妥当性を事後に検証する際にも役立つだろう。

ここからは、初動対応での問題点、あるいは失敗しがちな点を説明する。

まず、サイバー攻撃に関わる知識や経験不足がある。通常、大きな組織にはIT部門が置かれているが、ITの専門家がサイバーセキュリティの専門家とは限らない。大企業でも、一定以上のスキルや経験を持つセキュリティ専門家は少ない。巧妙なサイバー攻撃に対して、見落としなども起こりがちだ。繰り返しになるが、普段から信頼できる外部専門家との関係を構築しておく必要がある。

次に、バイアスによる見逃しや責任逃避による隠蔽（いんぺい）である。社内のIT担当者は自社システム環境を熟知しているため、迅速な対応や的確な予測ができる場合が多いが、その一方で「この領域は大丈夫」というような過信も生まれやすい。また、担当分野の責任を問われたくないと考えて、意図的に調査範囲を狭めようとするケースもある。

こうした事態の回避は容易ではない。担当者のスキル向上のための環境整備に加えて、組織風土の面では心理的安全性を高める取り組みなども求められるだろう。そして大抵の場合、このような残念な事実は調査不足が当局によって指摘された際に外部による再調査で発覚し、企業は大きな損失を被ることになる。

そして最後に挙げるのが、調査の弊害となる証拠能力の棄損である。後々の証拠となるデータの保存は、調査における基本中の基本である。しかし、調査の知識・経験不足により、証拠を保全しないまま対象コンピューター上で直接調査するようなケースも見られる。そして、コンピューターを元の状態に復元できなくなり、証拠が失われるのである。どのような手順で何をすべきか、何をすべきではないかを、調査を担当するメンバーは確認・共有しておく必要がある。

図4-3はインシデント対応における作業タスクを示したものである。ここでは大項目を並べたが、それを分割すれば数百になるだろう。大規模な被害の場合には、1,000以上のタスクが走ることもある。

同時に多数のタスクが並走するインシデント対応は、極めて複雑なプロジェ

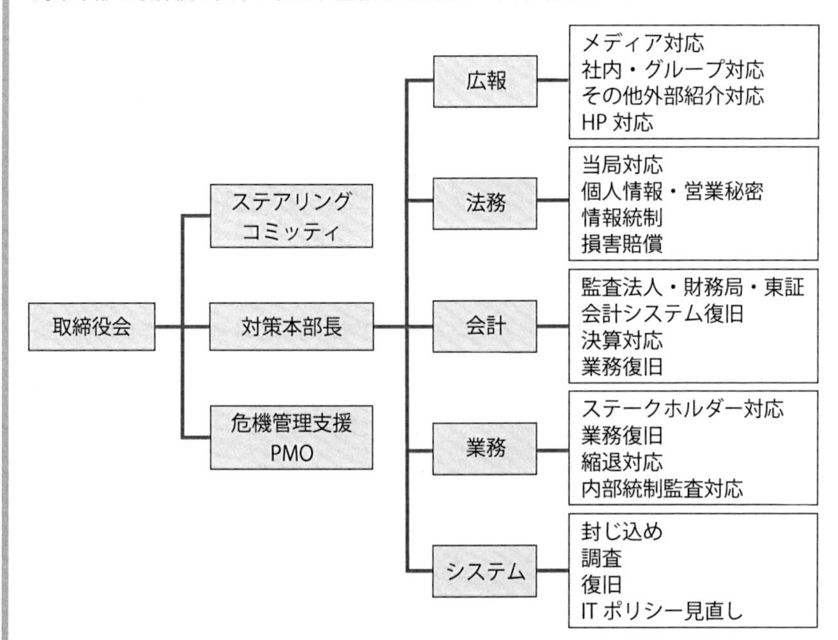

図4-3　対策本部の体制（例：ランサムウェア被害）

表4-1 インシデント対応を担う組織体制の一例

インシデントの状況や環境に応じて細やかな対応内容は異なるが、順序や手順はある程度の共通性があり、事前の危機管理体制、演習型訓練などの備えが対応時間短縮を可能とする

プロセス	ポイント	時間目安
検知	インシデントか否かの判断基準や、トリアージにおける優先度基準を平時の取り組みとして整備することが望ましい	30～180分以内
初動対応	定めた基準と合わせて検知した異常値を精査し、先入観にとらわれず最悪の事態を想定して対応を進める。状況に応じてCSIRTなどの危機管理関係者へ適宜状況共有を行い、インシデント対応が必要になった場合に滞りなく関係者が連携できるよう、スピードを重視して脅威分析を実施する。インシデントの可能性が高まった段階でインシデント対応に必要な情報を時系列で整理し、調査専門家と危機管理専門家へ連携する準備を進める	数時間以内
封じ込め	被害拡大を防ぐために、できる限りの暫定対処を講じる。ファイアウォールやネットワーク遮断、システム停止、感染端末のネットワーク遮断などは企業によっては影響が社外に及ぶことも多く、平時に脅威シナリオを規定して判断基準を整備するのが望ましい	数時間以内
除去	原因が特定できなくとも、調査の進捗と同期して脅威の排除を行い、以後の業務再開・復旧のためのクリーンな環境と攻撃者の介在の無効化を講じる	数日間～数日
復旧準備	BCPに基づき業務機能の早期回復を策定する。攻撃が広範囲であるか、その可能性が否定できない場合には、核となる業務プロセスのみを縮退運営として最優先で回復させ、インシデント対応による障害を最小限に止める判断を経営層が主導することが望ましい	数日
縮退運用	縮退運用には、攻撃の影響や脅威を排除したクリーンな環境にできる限り直近のデータを復元し、試験運転を経て実環境として限定的に稼働させるのが望ましい。この工程では、サプライチェーンなど社外へ影響が出ることも多分に懸念されるため、経営層は危機管理担当と対外的にどこまで情報共有ができているのかについて、細心の注意を払う必要がある	1～2週間以内
範囲策定	初動対応で発見した事実をもとに、インシデント対応実施にかかる調査の目的、手法、対象、期間、費用見積りをまとめる。一般的には、調査の専門業者へフォレンジック調査として依頼することになるため、内容調整後は速やかに手続きを行い着手させることが望ましい。留意点として、この時点で精緻な調査見積りを提供することは困難であり（病院治療と類似）、現実的な範囲で上限を定め、さらに可能であれば並行して作業は先行着手したい	1～2日以内

クトである。だからこそ、全体を俯瞰する司令塔が重要だ。その役割を担うのは対策本部であり、それをPMOがサポートするという形が一般的だ。

表4-1はインシデント対応を担う組織体制の一例である。取締役会の下に対策本部を置き、それをPMOが支援する。対策本部内にPMOを置くことも考えられるが、**図4-3**のような組織体制の方が取締役会とPMOとのコミュニケーションを図りやすいのではないだろうか。

対策本部の下には、CSIRTの諸機能が並ぶ。広報、法務、会計、業務、システムなどである。こうした社内横断チームを束ね、率いる本部長選定の重要性は改めて言うまでもないだろう。

広報はメディア対応をはじめ、外部との対応とグループ企業への対応、ホームページでの情報発信などを担う。例えば、個人情報が漏洩した場合には、消費者から「私の個人情報は大丈夫か」という問い合わせが入る。個人情報保護委員会から、コールセンター設置を求められることもある。

法務は当局への対応、弁護士とのやり取りのほか、個人情報や機密情報の漏洩可能性の確認などを行う。加えて、情報統制がある。当局やステークホルダーに対しては、「何をどこまで公開するのか」を一元的に統制しなければならない。また、損害賠償の可能性に備えて準備しておくのも法務の役割だ。

会計は監査法人や財務局への対応、上場企業なら証券取引所への対応もある。会計システムに影響があった場合には、大きな負荷がかかるだろう。決算時期の見直しや適時開示の必要性などについても検討する必要がある。

業務は対策本部や法務の指示に沿って、取引先などステークホルダーに対応することになる。もう一つの柱が業務の復旧だ。縮退運用の下では、自動化していた業務が手作業になることもある。負荷の増大を見越した準備が必要だ。

システムの役割としては脅威の封じ込めに始まり、調査支援、復旧などがある。縮退運用の後には、「以前の姿」に戻すのではなく、システムの「あるべき姿」に向けて踏み出さなければならない。それには投資が必要であり、経営層との議論は欠かせない。また、再発防止に資する形でITポリシーの見直しも求められるだろう。

表4-1　インシデント対応を担う組織体制の一例（続き）

プロセス	ポイント	時間目安
証拠保全	調査には、ログデータやアーティファクトと呼ばれる攻撃の痕跡が埋もれているデータ区画を、広めに完全な形でできるだけ早期に保全することで、分析官の隔離された調査環境で下処理と分析が可能となる。時間の経過とともにこれらのデータは上書きされたり、破壊されるなど損失が懸念されたりすることを留意しなければならない	半日〜数週間
調査分析	フォレンジック手法に基づく分析結果および調査報告書は、法廷で証拠能力を保持していることが重要である。専門家を選定する際には、有事になる前にその業者の評判や世間での知名度、価格の妥当性、自社に寄り添った知識と経験が十分であるかを判断することが望ましい。調査で明らかになる内容は、保全したログやデータ量だけでなく、限定的な情報や状況証拠から洞察できるスキルにも高く依存する	3〜6週間程度
報告	報告書の質は、調査業者の良し悪しが最も顕著に現れる。そして、監督官庁などが最初に注視するのが調査範囲の妥当性である。つまり初動からインシデント対応に続く過程で、まだ何が起こるかもわからない状況で見切り発車しなければならない調査範囲の内容が報告書の肝となることを、経営層は留意しなければならない。また、報告書受領後も監督官庁や取引先などへの対応が必ず発生し、報告書に関する作業は受領した後に数か月続くことも稀ではない	適宜（分析完了後1週間以内）
事後対応	インシデントやシステムが小規模の場合、縮退運用から通常運用への回復も短期で達成する場合もある。しかし、経営層として 留意すべきは「あった姿」に手当てして戻るのではなく、「あるべき姿」にいかに早く到達できるかを視野に入れて、インシデントで学んだ課題点を克服。経済的な合理性を持って、事業成長にかなうサイバー戦略の見直しと投資を、PDCAのようなサイクルとして維持し続けなければならない	策定は2〜3週間以内、以後は恒久的に柔軟性を持って継続となる

（内山純一郎）

4章のまとめ

◇個人情報取扱事業者は、漏洩等またはそのおそれのある事案が発覚した場合は、漏洩等事案の内容に応じて、必要な措置を講じなければならない。
◇個人情報取扱事業者が漏洩等事案のうち、報告対象事態に該当することを知ったときは、速やかに個人情報保護委員会に報告しなければならない。また、報告を受理する権限が事業所管大臣に委任されている場合には、当該事業所管大臣に報告する必要がある。
◇個人情報取扱事業者は、報告対象事態を知ったときは当該事態の状況に応じて、速やかに本人への通知を行わなければならない。ただし、本人に通知することでかえって被害が拡大するおそれがある場合や、本人がその権利利益を保護するための措置を講じられる見込みがなく、かえって混乱が生じるおそれがある場合には、その必要はないと考えられる。
◇経営層は日頃から情報セキュリティ担当者、CSIRTのメンバーなどと議論を重ね、サイバー脅威と対策への理解を深める努力が必要である。同時に、セキュリティ対策のレベルアップや社内コミュニケーションをとることにより、攻撃を受けた緊急時にも大きな力を発揮する。
◇多くの企業は、サイバー攻撃を監視・検知するための仕組みを導入している。何らかの異常があればアラートが通知されるが、このような検知プロセスに要する時間は理想的には30分、現実的には180分以内に収めたい。
◇インシデント対応が必要になった場合、滞りなく関係者が連携できるようスピードを重視して脅威分析を実施する。また、インシデントの可能性が高まった段階では、インシデント対応に必要な情報を時系列で整理しておくことにも留意したい。
◇初動での封じ込めは、数時間以内で行えることから即実行するべき。ただし、その時間でできるのは止血程度の措置である。すべての作業が数時間で完了することはなく、その後も封じ込めプロセスは続くと考えておく。
◇インシデント発生時に、社外へ説得力のある説明をするためには、第三者である外部の専門企業に調査分析を任せるのも有効である。調査方針や報告書作成の段階では、こうした専門企業との綿密なコミュニケーションが重要となる。

第5章

改善・再発防止策

1 被害を前提とした対応の重要性

1-1 サイバーリスクにおける再発防止策の重要性

サイバー攻撃を受けた被害企業としては、インシデントレスポンスと並行して、またはインシデントレスポンスの仕上げとして再発防止策を講じることとなる。企業内で役職員の不祥事が生じた場合、不祥事の原因と被害範囲を調査・検証の上、再発防止策を講じるのと同じである。

この再発防止策の策定は、法的観点から見れば、内部統制システムが不十分であったために生じた可能性がある会社の損害について、当該システムを検証するという意味では、広くは取締役の内部統制システム構築義務の一環とも言える。リスクマネジメントの観点からも、リスクに関するPDCAサイクルの重要な一部に相当する。さらにステークホルダーとの関係では、二度と同種の事故を起こさないために、会社としていかなる再発防止策をとったか示すことは説明責任の対象でもある。

サイバーリスクの文脈においては、他のコーポレートリスク以上にこの再発防止策の重要性が増す。

すなわちサイバーリスクは、Threat Acterという攻撃者が引き起こす人為的なリスクであるため、自然災害などのリスクと比べて発生頻度が高い。特にRansomware as a Service（RaaS）で代表される犯罪スキームのパッケージ化により攻撃者が急増している状況下ではなおのことである。また他の企業不祥事と異なり、サイバー事案の特殊性として損害を引き起こした者が特定されて処罰を受けることが期待できないため、人的なリスクが外部にそのまま現存することとなる。したがって、サイバーリスクは再発する可能性が極めて高いと言える。

実際に、ランサムウェアによるサイバー攻撃に関するレポートにおいて、“almost 40 companies were compromised by different gangs twice in 2021,

…17 more companies were attacked for a second time following an earlier compromise in 2020[28]"（筆者訳：「2021年に約40社が2回不正アクセスを受けた。…その他にも17以上の企業が2020年に1回目の不正アクセスを受け、2021年に2回目の不正アクセスを受けた」）というデータで公表されている。

また、別のレポート[29]によれば"80% of those who paid a ransom experienced another attack"（筆者訳：「身代金を支払った企業の80%がもう一度攻撃を受けた」）というデータも公表されている。

これらのレポートから、一度サイバー攻撃を受けた企業は、攻撃者から繰り返しターゲットとして狙われる可能性が高いことがわかる。

察するところ、攻撃者にとって一度不正アクセスに成功した企業を繰り返し攻撃することは、別の新たなターゲット企業をゼロから探して攻撃するより費用対効果が高いものと思われる。

すなわち、不正アクセスに利用した認証情報が変更されていなければ、そのまま侵入することは造作もなく、仮に認証情報が変更されていても1度目の侵入時に裏口（バックドア）を設けていれば、当該裏口から容易に侵入が可能である。また、一度侵入した企業の内部ネットワーク構造を把握できている。仮に侵入について被害企業により相応の対策がとられていても、侵入した後の作業が容易であるため、再度侵入を試みる動機は強いのではなかろうか。まして、被害企業が1度目の攻撃の際に身代金を支払っていた場合には、攻撃者に対して犯罪収益を獲得できる見込みが高いターゲットという認識を与えるため、やはり攻撃者に対して繰り返し攻撃をする強い動機を持たせることになる。

これらのことは泥棒に例えると、より理解がしやすいであろう。不正に入手した合鍵を使って一度侵入した邸宅について、カギが変更されていなければ再度侵入することは造作もなく、仮にカギが変更されていても1度目の侵入の際に秘密の侵入口をこっそりつくっていた場合、当該侵入口からの侵入は容易である。泥棒にとっては邸宅内の構造や財物が隠されていそうな場所を把握できているため、仮にカギを変更し秘密の侵入口をすべて塞いだとしても、再度侵入を試みる動機が強いと言える。まして、当該邸宅内に非常に高価な財物があったとすれば、攻撃者に対して犯罪収益を獲得できる見込みが高い対象とい

28 KELA Cybercrime Intelligence "Beware. Ransomware. Top Trends of 2021"

29 cyberreason社2022年6月" Ransomware The True Cost To Buiness"

う認識を与えるため、やはり泥棒に対して繰り返し侵入する強い動機を持たせることになる。

サイバーリスクについては、一度顕在化したサイバーリスクと同種のリスクが再度顕在化する可能性が極めて高いことから、適切な再発防止策を講じないことは経営層として不合理な判断と言わざるを得ない。その意味で、一度サイバー攻撃が発生した企業においては、二度と同種の攻撃手法においてサイバー攻撃を受けないよう再発防止策を策定する重要性は極めて高い。

1-2 サイバーリスクにおける再発防止策の法的位置付け

⑴サイバーセキュリティ体制構築義務について

第1章で紹介した通り、サイバーセキュリティ体制の構築は取締役の会社法上の義務と言える。すなわち、「会社におけるサイバーセキュリティに関する体制は、その会社の内部統制システムの一部と言える。取締役の内部統制システム構築義務には、適切なサイバーセキュリティを講じる義務が含まれ得る」とされている。その結果、会社との関係では、「取締役（会）が決定したサイバーセキュリティ体制が、当該会社の規模や業務内容に鑑みて適切でなかったため、会社が保有する情報が漏洩、改ざんまたは滅失（消失）もしくは毀損（破壊）（以下「漏洩等」という）されたことにより会社に損害が生じた場合、体制の決定に関与した取締役は、会社に対して、任務懈怠（けたい）に基づく損害賠償責任（会社法第423条第1項）を問われ得る」[30]とされている。

そのため、取締役が負う内部統制システム構築義務には、その一環として適切なサイバーセキュリティ体制構築義務が含まれており、取締役が当該業務に違反した場合には、当該違反により発生した損害について損害賠償責任を負うと解されているのである。

⑵再発防止策とサイバーセキュリティ体制構築義務との関係

サイバー攻撃を未然に防ぐための体制である点で、再発防止策もサイバーセ

30 令和2年3月2日内閣官房内閣サイバーセキュリティセンター（NISC）「サイバーセキュリティ関係法令 Q&Aハンドブック Ver1.0」Q3
https://www.nisc.go.jp/security-site/files/law_handbook.pdf

キュリティ体制構築義務の一環と言える。違いがあるとすれば、一般的にサイバーセキュリティ体制が過去のサイバーインシデントの発生と関係なく論じられてきたのに対し、再発防止策はすでに発生したサイバーインシデントを前提とする点である。

では、すでに発生したサイバーインシデントを前提とする再発防止策の策定にあたっては、より高度なサイバーセキュリティ体制構築義務が課されるのであろうか。

この点について、一度サイバーインシデントが発生し、そのインシデントについての予見が可能となったという特別な事情が発生している以上、再発防止策の策定にあたっては当該インシデントを防止し得なかった現状のサイバーセキュリティ体制では足りず、より高度な内容のサイバーセキュリティ体制の構築が要求されていると解することも不自然ではない。

加えて、仮に2度目のサイバー攻撃を受けて損害が発生した場合には、取締役として過失が肯定されやすくなることも想定される。すなわち過失責任とは、予見可能性と結果回避可能性の観点から判断されるところ、過去にサイバー攻撃を受けたことがあり、しかも上記のレポートで摘示されている通り、一度サイバー攻撃が発生した企業はサイバー攻撃者集団に繰り返しターゲットとして狙われる可能性が高いことが報じられている状況下で、繰り返し同種のサイバー攻撃を受けることの予見可能性は高い。

適切な再発防止策の策定を怠り、同種のサイバー攻撃により会社または第三者に再び損害が生じた場合には、取締役の任務懈怠および過失（重過失を含む）が認められ、取締役の損害賠償責任が肯定される可能性はさらに高くなると言える[31]。

1-3 再発防止策を策定するにあたっての視点

⑴重層的防御

再発防止策の段階に限らず、サイバーセキュリティにおける重要な視点として、サイバーリスクを完全に抑止するための単一かつ絶対的なセキュリティ対

31 詳しくは山岡裕明「サイバーインシデント対応における再発防止策の構築」ビジネス法務2022年7月号69頁

策は存在しないという点がある。

サイバーセキュリティの文脈においては、明確な悪意を持った攻撃者が存在し、攻撃者は一つのEntry Point（エントリーポイント、コンピュータープログラムを実行する際に一番最初に実行される場所）を突けば攻撃の足掛かりにすることができるのに対して、防衛側はすべてのエントリーポイントを防ぐ必要がある。このように攻撃者と防御者との間には非対称性が存在し、構造的に攻撃者が優位となっている。

また、いかに優れたアーキテクチャに基づき、いかに費用と時間とをかけて開発されたセキュリティ技術であっても、それが人の手によって開発されるものである以上、当該技術には、開発者自らの開発行為に起因する技術的な脆弱性が内在することは否定できず、脆弱性を完全に払拭することは極めて困難である。

そのため、サイバーセキュリティにおいて重要な概念となるのが重層的防御（Defense in Depth）である。これは元来、軍事戦略上の概念であり、外敵の侵入を検知、反撃、撃退すべく幾重にも防御層を構築するというものである。サイバーセキュリティにおいてもこの重層的防御の概念が応用されており、単一かつ絶対の施策は存在しないとの理解の下で、重層的なセキュリティ対策が肝要となる[32]。

実際に後述のメタップス事案においても、その第三者委員会報告書において、「システム環境の観点からの再発防止策は以下の通りであり、多層的、複層的再発防止策を講じ、セキュリティの向上を図るべきである」（下線は筆者による）と指摘され、**表5-1**に示すような重層的な再発防止策が提言されてい

---

32 例えば、米国のサイバーセキュリティ・インフラストラクチャセキュリティ庁(CISA) による2016年9月 付 ”Recommended Practice: Improving Industrial Control System Cybersecurity with Defense-in-Depth Strategies”によれば、”Unfortunately, there are no shortcuts, simple solutions, or “silver bullet” implementations to solve cybersecurity vulnerabilities” を前提としつつ、”It requires a layered approach known as Defense in Depth.” とする。その具体的な内容として” Defense in Depth as a concept originated in military strategy to provide barriers to impede the progress of intruders from attaining their goals while monitoring their progress and developing and implementing responses to the incident in order to repel them. In the cybersecurity paradigm, Defense in Depth correlates to detective and protective measures designed to impede the progress of a cyber intruder while enabling an organization to detect and respond to the intrusion with the goal of reducing and mitigating the consequences of a breach.” と説明されている。

表5-1　重層的な再発防止策

①日時のログの点検
②セキュアコーディングを行ったアプリケーション開発とソースコード・レビューの実施
③ペネトレーション診断、または脆弱性診断と診断結果を踏まえた脆弱性などの修正
④Web Application Firewall（WAF、Webサイト上のアプリケーションの脆弱性を悪用した攻撃からWebサイトを保護するファイアウォール）の導入
⑤セキュリティアラートの発信後に、なぜアラートが発信したのか、その原因となった「障害」または「侵害」を検証すること
⑥社内および加盟店の業務向けのログイン画面へのアクセス制限
⑦社内および加盟店の業務向けのログイン画面の2要素認証、2段階認証の導入
⑧ファイル整合性監視の範囲の見直しとアラートに対する検証手順の整備
⑨ログの取得方法の見直し
⑩クレジット取引セキュリティ対策協議会の作成資料の内容を踏まえた、決済サービスに関するシステム以外のシステムに関わる全面的な検証、見直し
⑪フロントシステム側に関するセキュリティ対策の強化

る[33]。

実務上は、事故原因・被害範囲の調査の結果が記載されたフォレンジック調査報告書の末尾に再発防止策が記載されるため、それに則って再発防止策を検討することが多い。もっとも、この再発防止策の内容は、フォレンジック調査を実施した調査会社によって濃淡があるというのが筆者の実感である。

そこで、フォレンジック調査報告書に記載のある再発防止策はあくまで最低限の再発防止策と認識して、複数の専門家から推奨される再発防止策を確認した上で検討することが重要である。

33　2022年6月29日付第三者委員会調査報告書（公表版）
https://www.metaps-payment.com/company/report_metapspayment_20220701.pdf

⑵技術的観点とガバナンスの観点からの再発防止策

再発防止策の中心は、技術的な対策と言っても過言ではないと思われる。サイバー攻撃が技術的な弱点を突いて成立した以上は、その弱点を埋めることが出発点となる。

例えば、Emotetに代表されるメールを起点とした攻撃では、不審なファイルが添付されたメールを自動的に排除するプロダクトが有用である。また、昨今のランサムウェア攻撃で多用されるVPN経由での企業のネットワーク内への不正アクセスについては、多要素認証の徹底による不正アクセスの防止や、ネットワーク内に侵入した攻撃者の不審な振る舞いを検知するプロダクトの導入が有用と言える。

しかし、この技術的対策と並んで重要となるのが、ガバナンスの観点からの再発防止策である。すなわちサイバーインシデントが発生した時点において、直接的な原因となった技術的な弱点について、同業他社と比較して標準的なセキュリティ体制が構築されていなかったのであれば、セキュリティ部門の人員・予算不足の可能性がある。さらには、セキュリティ部門からのリスクの説明が、経営層に伝わりやすい体制ではなかったことが想定される。

また、サードパーティ製品の新規導入またはアップデート、従業員の入退社、異なるプロダクト（IT環境）を使う企業間のM&A（合併・買収）など、企業のセキュリティ体制は日々変化する。こうした変化の中でシステムの脆弱性の管理が見落とされた結果、当該脆弱性を突かれてサイバー攻撃を受けたような場合には、定期的なセキュリティ体制のモニタリングが機能していなかったと言える。

こうした事情は、いずれも技術的な問題を越えたガバナンス上の問題である。そのため、ガバナンスの観点からの再発防止策も重要となる。

では、技術的な再発防止策とガバナンス上の再発防止策とはどのような関係にあるのだろうか。サイバーインシデント対応の実務経験を踏まえた上での私見となるが、前者は同種のサイバー攻撃について即効的効果を有するものだが、異なるタイプのサイバー攻撃までを必ずしもカバーできるものではなく、効果の持続期間も限定的である。他方で、後者はより根本的にサイバーリスクについての企業の姿勢を再構築するものであるから再発防止策としてのカバー範囲は広く、かつその持続性も期待できる、というものである。

したがって、サイバー攻撃を受けた企業が真摯にサイバーリスクに向き合い再発防止策を講じるのであれば、双方の観点からのアプローチが必要となる。このことは近時、注目を集めた以下の3つのサイバーインシデントにおいても再発防止策として言及されており、大いに参考となるところである。

①メタップス事案

同事案は、クレジットカード決済サービスを提供する株式会社メタップスにおいて、決済データセンターサーバー内に配置された一部のアプリケーションの脆弱性が利用され、不正アクセスが行われた事案である。サイバー攻撃は、2021年8月2日から2022年1月25日にわたって複合的かつ継続的に行われ、決済情報などが格納されているデータベースから個人情報を含む情報が外部に流出した。

このメタップス事案の報告書においては、「本件事象は、…システム環境の脆弱性の発生を未然に検知または防止できる体制が欠如していた疑いや、本件事象発生時における対応が不適切であった疑いがあり、人的環境面（体制整備面）での問題も疑われたため、『人的環境の観点（体制整備上の観点)』からの調査なども必要」であったと指摘され、「再発防止策の策定への提言」として「システム環境の観点からの再発防止策」に加え、「人的環境の観点（体制整備上の観点）からの再発防止策」が言及されている。

そして、後者においては、「1　業務上の不正、業務懈怠等の発見のための措置」「2　業務の属人化防止のための措置」「3　社内ルールの形骸化防止のための措置」「4　委託先管理」「5　『サイバーセキュリティ経営ガイドライン』を踏まえた体制整備」「6　企業風土の改善、従業員教育」というまさにガバナンスの観点から多角的に再発防止策が提言されている。

②半田病院事案[34]

同事案は、2021年10月に徳島県つるぎ町の町立半田病院で起きたランサムウェア「Lockbit2.0」による攻撃の事案である。ランサムウェア攻撃により電子カルテシステムが暗号化され、数か月間にわたる医療サービスの停止を余儀なくされた。

同事案の報告書においても、その再発防止策に関する記載として「再発防止策の実施と検討状況」の項目が設けられており、その中には「5.2　技術的な

34　2022年6月7日「徳島県つるぎ町立半田病院 コンピュータウイルス感染事案 有識者会議調査報告書」https://www.handa-hospital.jp/topics/2022/0616/report_01.pdf

課題の対応・対策」の前に「組織的な課題の対応・対策」が論じられている。

③ニップン事案[35]

同事案は、2021年7月に株式会社ニップンで発生したランサムウェア攻撃の事案である。ランサムウェア攻撃により財務管理や販売管理を行う基幹システムに加え、グループネットワーク内で運用しているシステムが暗号化され、四半期報告書の提出が遅滞した。なお、同社の第198期有価証券報告書によるとシステム等復旧費用で16億200万円が計上されている。

同事案の直接的な原因は、「当社が構築したネットワークシステムに隠れていた脆弱性を突いて、外部から侵入されたことによるものと判明」したとされている。

もっとも、同社による原因究明は技術的な原因にとどまらず、「この当社ネットワークシステムに隠れていた脆弱性を生み出した背景にある、内部統制に関わる原因として指摘された3件の課題」として、やはり技術的な原因の背景としてガバナンス上の原因を指摘している。

なお、その3つの課題と再発防止策は**表5-2**のように指摘されており、この内容はサイバー攻撃を受けて再発防止策を講じなければならない企業のみならず、サイバー攻撃を受けないためのセキュリティ体制を構築する企業においても大いに参考になるものである。

35　株式会社ニップン2022年6月29日内部統制報告書
https://www.nippn.co.jp/ir/announcement/financial_report/pdf/198_4Q_2021-1.pdf

表5-2　ニップン事案における３つの課題と再発防止策

1）サイバーセキュリティに関するポリシー群が不十分だったこと 　当社は2022年3月28日開催の取締役会で、「情報セキュリティ基本方針」の制定を決議しました。同時に「情報セキュリティ管理規程」等の規程類を整備いたしました。具体的な運用ルールや手続きを記した要領、ガイドライン、マニュアル等を定め、インシデント発生時の行動指針やフローチャートを策定し、脆弱性管理ルールにもとづいたパッチ適用の運用をし、システムの重要度に応じたバックアップ方針（バックアップ方式、頻度、保管先）に基づき運用し、インシデント発生時の財務報告への影響を低減する復旧体制を構築しました。不正アクセスを軽減するために、必要な人に必要な範囲のみのアクセスを提供するネットワークの制御・不正アクセスの検知に関して規定しました。サイバーセキュリティインシデント発生時に実施すべき一連の対応を規定しました。これによって、サイバーセキュリティリスク管理体制の構築や運用手続の基本となる体制ができあがりました。
2）サイバーセキュリティ管理体制における明確な指示系統・責任体制の曖昧だったこと 　2022年3月に上記情報セキュリティ管理規程において、サイバーセキュリティ管理体制の明確な指示系統・責任体制を定めるとともに、2022年2月25日開催の当社取締役会において情報システム推進部を新たに設置することを決議し、2022年3月28日の当社取締役会においてIT管掌取締役選任の報告がありました。これによってサイバーセキュリティ対策における責任と権限が明確化され、運用面における業務内容の可視化・共有化が進み、属人化を防ぎ、IT戦略に関する他部門との調整や具体的対応をつつがなく行うことができる体制が構築されました。
3）IT・サイバーセキュリティに関する経営層のリーダーシップに基づく管理体制や経営資源（人材・投資等）の確保が不十分だったこと 　本件インシデント発生以後、直ちに対策本部を設置して当社代表取締役の指示のもと、本件インシデントで指摘された課題に対する改善に全社一丸となって取り組んでおります。IT関連の新体制が決議されたことにより、必要な人材確保や予算措置がより具体的かつ迅速に実行できる組織基盤が構築されました。2022年3月28日開催の当社取締役会に内部監査の一環として「情報セキュリティ監査」の整備が報告されました。内部監査の結果は当社取締役会に報告されます。前述した当社の改善活動に連動して、当社グループの情報ネットワークを管理運用するニップンビジネスシステムの2022年3月28日開催の取締役会においても、社内規程類の整備を決議し、これらの規程の内容に沿って運用されていることを確認いたしました。 　これによって、経営層のサイバーセキュリティに対する意識向上が図られて、ITに係る経営戦略（人材確保・投資を含む予算措置など）の体制が構築され、適切なリスク評価と対応が行われました。

2 改善・再発防止策を講じる

2-1 改善策の模索

サイバー攻撃によるインシデント対応や情報漏洩の後、業務が正常に戻ると、経営幹部は「このようなことが再び起こる可能性はないか？」「次は防ぐことができるだろうか？」「どの程度ビジネスへの影響を最小限に抑えることができるだろうか？」などと、次の攻撃に備えた再発防止策に悩み、まずは直近の攻撃がどのように発生したかを省みることが多い。

一般的な調査報告書は、セキュリティ施策のどの要素が弱かったか、あるいは欠けていたか（攻撃者が成功するのを許したか）、そして少なくとも悪用された脆弱性などが記録されており、これらをもとにどのプロセス改善が必要かを特定することができる。

例えば、攻撃者が最初に関連会社や協力会社のネットワークに侵入することで自社のネットワークにアクセスした場合、その脆弱性に対処する必要がある。また、従業員が受診したメールにあったリンクをクリックしたことが脅威の原因となった場合は、社内のセキュリティ教育をさらに強化することを検討する必要がある。

他にも侵入時の対応態勢の弱点が明らかになるケースとして、以下のようなケースがある。

○コールセンターが顧客からの問い合わせに圧倒され、ロジスティクスやコミュニケーションの改善が必要

○インシデントレスポンスプロセスに関する知識の欠如により、一貫した対応表による演習の促進やインシデント後の非公式なレビュー活動が未実施

○一般従業員のセキュリティ衛生の低さが認識され、セキュリティ意識とトレーニングによる改善が必要

これらはごく一部の例であり、態勢の乏しさは企業に重大な影響を与える可能性がある。それは、インシデントという災害の姿で唐突に対応を迫られる。

表5-3 企業が失態を犯す6つのケース

○計画性がない（優先順位） ○財布の紐が固くなる ○資金・人材の不足 ○プロジェクトの遅延 ○業務側の協力が得られない ○経営層の承認に時間がかかる

再発防止案を策定する際には、自社のサイバーセキュリティ戦略・ロードマップをセキュリティ・プログラムと見立てて、指摘事項を反省点として軌道修正する機会であり、組織の戦略的優先事項として不可欠である。

前述の通りインシデントの被害を乗り越え、業務が復旧した企業が最初に取り組むことが、同様の攻撃および被害を繰り返さないための再発防止対応である。典型的な再発防止の手法として、調査結果から攻撃手法や原因を突き止め、同様の手口が再度発生した場合にそれらの攻撃を無効化することが挙げられる。

筆者は過去に多くのインシデント調査と報告書作成で原因に基づく推奨案を提供してきた。しかし、多くの企業はまずインシデント対応で多大な負担が現場にかかったことから疲弊し、また乗り越えた安心感から安堵するためにこれらの推奨案を計画に落とし込み、実行に至るには想像以上に時間がかかるか、そのまま他の業務に忙殺されて放置するケースが多く散見される。

残念なケースとしては、インシデント対応中に対策を展開し、応急処置以上の恒久的な対応は放置する企業も少なくない。結果として、これらの企業は同一ではなくても同類の攻撃を受けて、インシデントから半年も過ぎずに再度攻撃被害に陥る例も実際に少なくない。一部の攻撃者は成功体験を情報として売買することがあり、一度成功した対象には攻撃が再来することがあるからだ。

しかし、大前提の問題として、企業はなぜこのような失態を犯してしまうのであろう。多くの再発防止の支援を提供してきた経験から筆者が学んだ原因として、**表5-3**に示す6点が挙げられる。

これらに共通していたのはリーダーシップの乏しさによる推進力の弱さであり、「喉元過ぎれば熱さを忘れる」の典型とも考えられる。

2-2　再発防止の考え方

インシデント対応の終わりが見え始めると、再発防止の話題は自然と始まり、調査結果で報告された直接原因に対する恒久的対応一覧＝再発防止案という思考にとらわれやすい。さらに有能なリーダーが関与できている場合は、「その対応だけでよいのか？」「あるべき姿に対して何が足りていない？」などの本質的な疑問の答えを模索し始めたりもする。この方向性は良いことであり問題はないのだが、例えば、巷のサイバーセキュリティを専門とするコンサルタントに相談すると、**図5-1**のような網羅性のある全体像の説明を受けることになるであろう。

誤解を避けなければいけないのは、この図に誤りはなく一例として網羅的であるとは言える。しかし、自社にとってどれが最も優先されるかが読み取りにくいことが問題となる。したがって、本項では経営者が再発防止に着手する際に理解しておくべき情報を、まずは整理することから始めたい。

結論から言うと再発防止の最大の目的は、企業のサイバーセキュリティが本来あるべき姿に向けて計画性と柔軟性を持って適切に管理できるよう、組織を体質改善することにある。そして、適切な管理には大きく分けて3つの要素が挙げられる。

人・組織

インシデント対応の大小にかかわらず、攻撃被害を経験した企業の多くは自社の力不足を痛感し、経営層は従前のセキュリティ対策がなぜ至らなかったのかについて悩む。これは半分正解で、半分は誤りとも言える。なぜなら、どれだけ執拗にセキュリティ対策を講じても、攻撃者に本気で狙われた際には何らかの被害は発生するからである。とはいえ、それを理由に何も対策しないことも無責任であり、今後の事業継続においてサイバーセキュリティ成熟度は取引の条件に必然として要求されることが現実となっている。今すでに海外では攻撃被害に遭うことを前提に、満点を目指さずとも自社はどこまでを防御に投資し、どこからのリスクは許容し、そのリスクもしくは想定外の不正アクセスなどの攻撃をいかに早く検知、即対応して業務への影響を最小化するかが取引先や株主から求められている。

図5-1　網羅性のある対策

そして、企業はまず初めに防衛・監視・検知・対応・改善で必要な人員配置を検討し、インシデントからの反省点を反映して必要な組織体制を整えることが最も重要な対策と言える。火事が起きてから必要な担当者を考えていたのでは、延焼を最小化することは難しい。

さらに、すべての担当や役割を社内で賄う必要はない。他章でも触れたように、CISOをはじめ世界中でサイバーセキュリティの専門家は不足しており、また脅威が目まぐるしく進化することからも社外で専門的にセキュリティやインシデント対応を生業とするプロたちを活用することは至極当然とも言える。経営者として留意しなければならないのは、少ない専門家の誰と関係性を築き活用するかである。

ここで大切なのは、「どこ」という企業ではなく「誰」という個人の専門家との関係構築であるべき点である。

海外では人材は流動的で、需要の高いCISOであっても、理由はさまざまだが3年程度で転職することは珍しくない。国内においてはセキュリティで著名な企業も多くあるが、果たして自社の担当も間違いなく期待に応える人材である可能性はどの程度だろうか。国内の専門家たちも海外同様に引き抜きが激しく、優秀な人材ほどより良い条件で移籍することがすでに一般的である。

つまり、平時の助言からインシデント対応の助言まで、信頼できる専門家とは、名指しで取引をするような付き合いを経営層レベルから実施しなければならない。弁護士や会計士がキャリアの過程で独立し、その経験と信頼から企業の顧問を担うのが一般的であるように、昨今はセキュリティの専門家が同様に企業の経営層を支援するために社外取締役などに就任する例も増えている。

このように高い専門性が必要な役割については、無理せずアウトソースにより状況に応じて活用することで、コストを圧縮する。逆に社内の人材で、インシデント発生時に臨時招集すべき担当者を平時から任命し訓練することが、明日にでも発生し得るサイバーという災害への組織的な備えと言える。

また、経済産業省とIPAが策定した「サイバーセキュリティ経営ガイドライン」[36]は、経営者が情報セキュリティ対策を実施する上での責任者となる担当幹部（CISOなど）に指示すべき「重要10項目」をまとめている。このうち、次の2項目が本項の主旨に有用なので紹介したい。

○指示2　サイバーセキュリティリスク管理体制の構築

○指示3　サイバーセキュリティ対策のための資源（予算や人材など）確保

企業からよくある質問として、

「自然災害など、既存のリスク管理体制と同じ体制ではダメなのか？」

「顧客の個人情報を保護するための体制とは別の体制が必要か？」

「デジタル技術の活用の進展に伴い、既存の情報セキュリティ体制を変える必要はあるか？」

「社内にサイバーセキュリティに詳しい人材がいないが、勉強させればよいか？」

「外部委託すれば、自社内には担当を置かなくてもよいか？」

が挙げられる。

こうした疑問に答えるべく、同ガイドライン指示2と指示3の実践の進め方などについて、「サイバーセキュリティ経営ガイドラインVer2.0付録 Fサイバーセキュリティ体制構築・人材確保の手引き」[37]が公開されている。本書と併せて同手引きを参照することをお薦めしたい（**図5-2**）。

36　http://www.meti.go.jp/policy/netsecurity/downloadfiles/guide2.0.pdf

37　https://www.meti.go.jp/policy/netsecurity/tebikihontai2.pdf

最高経営責任者（CEO）

CEOは取締役会と連携して組織のセキュリティを重視し、CISOと直接連携する。セキュリティはビジネスの一部であると認識し、優先順位をつける

最高情報セキュリティ責任者（CISO）

サイバーセキュリティを専門に担当するCISOがいる組織もあれば、社内の情報技術サービスと同様にサイバーセキュリティを担当するCIOがいる組織もある。この役職は、他のCレベルの同僚や事業部長と密接に協力して、サイバーリスクに対する意識を高め、組織全体のサイバーセキュリティの必要性を判断する

最高技術責任者（CTO）

CTOは、組織の技術製品およびサービスのビジョンとロードマップを所有し、開発、レビューおよび承認プロセスにセキュリティへの配慮を追加する必要がある。CTOとCISO/CIOが密接に連携し、包括的かつ技術的に厳密なサイバーセキュリティを確保することが理想的である

最高財務責任者（CFO）

CFOは財務システムを保護するための戦略的なセキュリティ優先順位を確立し、侵害に関連するビジネスリスクを判断し、侵害の修復にかかるコストを評価する必要がある。CFOは、CEO、CISO、その他のエグゼクティブと協力し、ビジネス・プロフェッショナルの指示に従ってサイバーセキュリティの資金を適切かつ配分することを支援する

最高執行責任者（COO）

COOはCISOと連携し、組織のセキュリティプロトコルや報告システムの適切な確立、維持、文書化を支援する。また、組織全体のサイバーセキュリティに関連する法律や規制の遵守を指南する役割も担っている

最高広報責任者（CMO）

CMOは情報漏洩が発生した場合に、主要なステークホルダーと企業とのコミュニケーションを担当する。状況に応じてCISOと緊密に相談しながら、事前の計画を立てる必要がある。攻撃の影響の間、CMOはCISOとオープンなコミュニケーションを保ち、顧客の信頼、企業ブランドを守るための迅速な社内外コミュニケーションに従事する

最高人事責任者（CHRO）

CHROは従業員に関連する法律、規制、コミュニケーションの問題を重視するため、情報漏洩対策に関するすべての議論に欠かせない。CHROは、COO、CCO、CISOと協力し、従業員の記録が適切に保護されていることを確認し、漏洩が発生した場合には影響を受ける従業員のプライバシー、アイデンティティ、資産を保護するために、管理者や社内広報担当者にタイムリーに情報を発信する必要がある

最高個人情報責任者（CPO）

CPOは従業員や顧客のデータを不正アクセスから保護するためのポリシーを策定し、実施する。国内外では個人識別情報（PII）に対するセキュリティ要件が各国の法律で定められており、PIIが侵害された場合の通知要件も含まれている。CPOはCISO、CCO、COO、CHRO、CEOと密接に連携し、個人情報の保護に努める

最高危機管理責任者（CRO）

CROは組織のサイバーセキュリティリスク管理の取り組みを確立し、指導し、監視する中心的な存在である。CROは部門横断的な関係を築き、ITが管理しない新しい技術による会社やビジネスユニットへの新しいリスクの特定を行う

サイバーセキュリティの責任は、もはやIT部門だけに留まらない。強力なセキュリティ体制はトップから始まり、すべての経営陣の優先事項である必要がある。各役職者は、サイバーリスク管理に対する各自の責任と、インシデント対応における役割を担っている。すべての経営の役割を専任で担当する能力がない場合であっても、セキュリティ体制を成熟させ、さらに発展させるためにはこれらの責任を考慮しなければならない。

図5-2　サイバーセキュリティにおける役職と責務

業務プロセス

他章で述べた通り、特に経営層にとってのサイバーセキュリティとは、すなわちリスク管理である。セキュリティリスクの洗い出しには、何らかのガイドラインを参考に自社の対応状況を確認する方法や、自社の情報資産に関してリスクを特定していく方法がある。再発防止の観点では、組織体制の次に優先すべきは業務の観点からセキュリティリスクを洗い出す方法が効果的で、自社の業務プロセスや特定の工程においてのサイバーリスクが何かを特定する。

業務プロセスの分析や改善方法について本書では割愛するが、なぜ技術的な

対策の前に業務プロセスからセキュリティリスクを洗い出すことが重要かと言えば、企業のサイバーセキュリティ対策を阻む要因やインシデントの真因が業務プロセスに潜在していることが得てしてあるからである。例を挙げると、脆弱性と呼ばれるソフトウェアなどの抜け穴は常に修正されており、これを修正パッチや脆弱性管理と呼んでいる。2010年代ではこの脆弱性管理と、ユーザーアカウント乗っ取りによる「なりすまし」行為の2点を徹底して対策すれば、9割以上の脅威は防げると言われていた。しかし、脆弱性管理を徹底できる企業は2022年現在でも多くはない。直接的な原因の一つにIT資産管理の問題がある。また、攻撃者の資金力が向上したことでゼロデイ攻撃が増加したことも問題を複雑にしている。

どのような組織でも、資産管理の更新を常時100%の精度で保つことはほぼ不可能である。組織が大きくなるに比例して、難易度が上がることが理由だ。この背景には真因と言われているIT管理者を悩ませる問題も潜んでおり、業務プロセスを分析すると実は業務担当からサービス停止の合意が得られず、業務環境をサービス停止して行う修正パッチ適用後の稼働試験や再起動を実施することができないことが挙げられる。問題が慢性化した企業においては、煩雑な社内調整を避けるために脆弱性管理を放置するケースが多く報告されている。

この事例から学べる真因は何か。IT担当の怠慢か、それとも業務担当の傲慢さだろうか。客観的に分析してこの事象に起因すべきは、ルールと責任の所在ではないかと推察できる。まずはセキュリティポリシーで脆弱性管理の徹底を掲げ、脆弱性情報の公開から何時間・何日以内にパッチ適応を終えることを必須とする。

さらにこの脆弱性管理の責任を、利用者である業務部門と管理者であるIT部門に、適切に分担させる必要がある。IT部門は適切に脆弱性情報を収集し、業務部門の責任者へ作業依頼とパッチ適応の実施を責務とする。同時に業務部門は、セキュリティに懸念が発生した時点でその運用リスクを鑑み、早急にポリシーに準じた対応を終えることを責務とする。

他にも実際問題として、IT担当（特に保守・運用）にとってはシステムが稼働していることが最も重要であり、セキュリティ対応とは専門外であることが多い。安定して稼働していることに、業務のKPIが求められているからである。これは、別章で述べた「IT担当者にセキュリティ業務を担当させるのは自己矛盾を生みやすい」という話にも通じる。

このように、見えにくいセキュリティリスクは社内に多く潜んでいる。そして、特に国内の業務担当者は効率的な作業の推進に注力することが多く、それが情報セキュリティの観点でどのようなサイバー攻撃の餌食になるか理解が及んでいないことも多い。例として、マスターデータと呼ばれる大量個人情報が何万件と入ったファイルをユーザーのPCで複数保存し、その端末がマルウェアに感染して情報漏洩を起こす事例が後を絶たない。

しかし、大半のユーザーは効率的に作業するために大きなサイズのデータを手元に保存することで、処理速度が高い環境でデータ加工し作業したかっただけなのだ。このような真因を、高価なセキュリティ機器導入で防ぐことができるだろうか。不可能ではないが、どれだけの機器導入が必要になるか考えるだけでも、費用対効果の低さが大いに懸念できる。

経営層は上記のような粒度でリスク分析と把握を行い、優先順位を定めて最適な改善策を実施する責任がある。だからこそ、サイバー戦略は経営課題と言われて久しいわけである。

テクノロジー

前項に掲げた組織体制を整備し、自社のセキュリティ評価でリスクを洗い出し、ここでようやくテクノロジーによる効率的なセキュリティ向上を推進できる。この段階で企業は人・組織・業務フローにおける自社固有の課題の認識を概ね得ることができ、それらを克服することでサイバーセキュリティ態勢の理想像が輪郭だけでもうっすらと見え始める。

インシデント対応を経験した企業であれば、危機意識も記憶から呼び起こすことができるはずで、経営層のメンバーでも優先すべき対応策の順序を議論することも可能でなければならない。重要度と緊急度で優先順位を整理することも複雑ではない。状況によっては早急にソリューションを検討し、導入を急がなければならない場合もある。

これらを現場の担当者に草案を作らせた場合、コスト感や自社のスキル不足、時には社内政治などの余計な忖度（そんたく）が作用して、半年かけても迷走した計画しか出てこないことが往々にしてある。これは一概に、現場に問題があるとも言い難い。やはりここは組織全体を俯瞰(ふかん)的に見渡し、必要なコストは捻出できるという経営センスを持って、問題の指摘と改善に向かうリーダーシップが問われているだろう。だからこそ経営の課題であり、株主総会などで経営責任が問われる理由となる。

2-3 再発防止を展開する前にまず現状の認識から始める

終わりなき戦いに「備え」続ける

前項までの取り組みを進めた組織は、以下の2点を実行することにより、未知なる脅威でも効率的に最短の時間で対処できる備えができると認識できたはずである。

①今後サイバーセキュリティ戦略を進めるに必要な担当者と、社外の協力者の役割・責任・体制構築を行う

②自社にとって核となるビジネスプロセスや死守すべき機密データを特定し、業務を脅かす恐れのあるリスクの管理のために最も効果的な形でテクノロジーを導入

しかし、ここで新たな悩みが企業を襲う。サイバーセキュリティの成熟度を高めれば高めるほど、対策が必要なリスクは増え続け、対策を検討する間に攻撃は絶えず進化し続ける。そして、残念ながら無尽蔵に予算と人員が確保できたとしても、もはや全方位のリスクを防ぐことは不可能であると言える。この“終わりなき戦い”に対して組織ができることは「備え」続けることであり、戦況は時として急激に変化することも視野に入れ、自社のセキュリティ戦略を定期的に見直すことが有効である（**表5-4**）。

近年、海外ではまず想定すべき攻撃者が誰か、何を望んでいるか、どのようなビジネスリスクをもたらすかというような攻撃の初期段階を分析することで、「全方位」ではなく「攻撃の可能性が高い」箇所への注力に切り替える脅威インテリジェンスの活用が、経済合理性の高さから定着している。これは未知の脅威にも備える国防の考え方に近い手法となる。

自社を狙う可能性が高い攻撃者のプロファイル、動機、意図、特性、手法に関する脅威インテリジェンスを利用することで、例えば自社を狙うような穏や

表5-4　サイバーセキュリティ対策の優先順位を検討するときのマトリックス

例示	主要目的	必要なインテリジェンス
優先リスクの策定	○業界分野、地域、企業をターゲットとする人物の特定 ○リスクの高い情報資産が漏洩した場合のビジネスへの影響を判断	○業界または企業向けにカスタマイズされた脅威分析 ○脅威の発生源、標的となる資産、盗まれた資産がどのように悪用されるかを特定する脅威診断
新しい取り組みのリスクアセスメント	○新規市場、地域、産業、技術に関するリスクの把握	○新しい市場、地域、産業、技術に関する脅威の分析 ○サイバーセキュリティに関する条件検索
企画・予算・人員配置	○現在のセキュリティプログラム、技術、人員を、現在および新たに発生した脅威と照らし合わせて評価する	○企業の業界向けにカスタマイズされた脅威分析 ○脅威の主体やそのテクニックに関するインテリジェンス知識ベース ○サイバーセキュリティ研究者との個別調査
経営向けコミュニケーション	CEOや役員とのコミュニケーション ○どのようなヘッドラインが私たちに関係するのか？ ○現在の事件にどう対応するか？ ○新たな脅威への対策はどの程度できているか？	○メディア報道の評価 ○脅威の分析 ○サイバーセキュリティ研究者との個別な調査

かでない動向（自社や関連会社のインターネット出入口の脆弱性情報など）や標的型攻撃の準備と対応において、情報に基づいた意思決定が可能となる。まさに「敵を知って己を知る」というわけであり、正しく導入すればリスクの軽減や事象の優先順位付け、リソースの割り当て、高度なインシデント対策に大きく貢献できる。

なお、参考として米国国土安全保障省（DHS）は、組織がサイバーリスクを評価するために自問する5つの質問リストを発表している。

1. 現在のサイバーリスクは何か。それぞれのリスクに関連する潜在的なビジネスインパクトは何か。また、現在のサイバーリスクは何か。それぞれのリスクに関する潜在的なビジネスインパクトは何か
2. 自社の経営陣は、サイバーリスクとそれが会社に及ぼす潜在的なビジネス上の影響について、どのように情報を得られているか
3. 自社のサイバーセキュリティプログラムは、業界標準やベストプラクティスをどのように適用しているか
4. 通常、1週間に何件、どのような種類のサイバーインシデントを検出しているか。どの時点で経営層に通知しているか
5. 自社のサイバーインシデント対応計画はどの程度包括的で、どの程度の頻度でテストされているか

さっそく社内で実行できる現状把握の方法として、自社のCISOとセキュリティチームに対して以下の5つの質問をすることで、組織の既存の社内における脅威インテリジェンス機能に対する認識やインシデント態勢を確認することが可能である。

○組織におけるサイバー脅威の情報源は何か

○サイバー脅威の情報をどのようにセキュリティプロセスに組み込んでいるか

○どのような脅威が最も関連性が高く、その理由は何か

○これらの脅威はどのような資産を標的にしているか

○これらの脅威に対し、組織としてどのように予防、検知、対処しているか

改善・再発防止は競合優位性と信頼性を高める

日本企業にとってのサイバー攻撃が、「もし」から「いつ」の質問になって久しい。そして、今日のサイバー環境における絶え間ない脅威の現実を理解するために、サイバー攻撃による実害の発生が必要な組織もいまだ多い。例え一つのインシデントを切り抜けたとしても、同じ脅威（そして新たな脅威）が持続していることを忘れてはならず、経営層はサイバーセキュリティに対する強い危機意識を維持し、次の攻撃を待たずに防御を高めなければならない。

経営層は、侵入に対する適切な監視、検知時のスマートな対応、事後の迅速な業務機能回復を行うことで、競合から優位性のみならず業界での信用性を高めることができる。サイバーリスクによって業務環境がより不安定になるにつれ、すべての経営および管理職は、組織のサイバーセキュリティに独自の重要な貢献をしなければならないことを改めて認識する必要がある。

経営層は、サイバーセキュリティのリスク（業界固有およびグローバル）を自分の言葉で語れるように理解する。そしてCEOやCFO、CTOなど、Cレベルの同僚と協力して積極的な役割を果たすことで、組織は重要な資産を守るためにかなり有利な立場に立つことができるようになる。いわば、それがスタートラインと言える。

長年にわたってサイバーセキュリティに取り組む法人企業は、敵の意図や方法論に関する高度なサイバー脅威のインテリジェンスをますます求めるようになっている。なぜなら、すべてと言っていいほど大多数の社内サイバーセキュリティ・チームのリサーチ程度では、専門家によるインテリジェンス収集と分

析の取り組みに及ばないからである。

したがって、膨大なグローバル・インテリジェンス・リソースを提供するIRサービス・プロバイダーとの関係を構築することが有益であり、インテリジェンス活用などが自社にとって新鮮なのであれば、これを機に予算シフトや戦略的な意思決定に関する話題を経営会議で議論してみてはいかがだろうか。このようなサイバーセキュリティの問題を知り、オープンに議論することで、シニアリーダーは健全なサイバーセキュリティを通じて競争上の優位性を生み出すことができる。

Column

自社のIR能力を客観的に評価する

多くの企業は、具体的なビジネスリスクや技術リスクを明確に理解できていない場合が多い。これらのリスク領域を認識することは、導入するすべてのサイバープロセスと使用する機器の設計に影響を与える。組織のプログラムの評価を依頼した上で、経営層は以下の６つの質問をCISOとセキュリティチームと確認したい（図5-3）。

1. 規制の遵守：対応策は適用される規制および法的要件を満たしているか
2. 人員配置：スタッフは適切に配置されているか。また、攻撃時の役割と

インシデント対応に係る効果的な評価手法

侵害評価（CA）では、過去に侵害を受けたことがあるか、または現在攻撃を受けているかを判断するために、広範な脅威インテリジェンスとセキュリティの専門知識が適用される。この評価には、さらなる調査や封じ込めのための推奨事項が含まれ、長期的なセキュリティの改善のための提案などが含まれる

攻撃的診断は、業種別に狙う攻撃者を想定し、ツール、戦術、手順を模倣することで、既存のセキュリティ対策を評価する。ペンテストやレッドチームなどでは、リスク、悪用される可能性、潜在的な業務影響を分析し、推奨事項を提供する

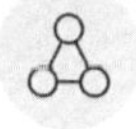

セキュリティプログラム評価では、重要なセキュリティ分野（脆弱性管理、リスク管理、アクセス管理など）において、最新の業界標準に照らして組織の実務と手順を検証する。この包括的な評価では、脆弱性や脅威動向に基づいて、ギャップを埋めるための優先順位付きの推奨事項を含むセキュリティプログラムロードマップを提供する

インシデント対応態勢評価では、異常値を検知し対応するためのセキュリティ運用およびインシデント対応能力を評価する。既存の監視（SIEM）や脅威インテリジェンス、インシデント対応を包括的に調査し、改善のための優先順位付けされた推奨事項を含むセキュリティロードマップを提供する

図5-3　IR能力の評価ツールの例

責任を明確に理解しているか
3. トレーニング：スタッフはインシデント発生時に効果的、かつ効率的に対応するために必要なトレーニングを受けているか
4. インシデントの検出：組織はインシデントを迅速に検出するためのメカニズムを備えているか
5. プロセス：潜在的なデータ漏洩に迅速に対応するための明確なプロセスを持っているか
6. テクノロジー：企業全体で対応するために必要なハードウェアとソフトウェアがあるか

（内山純一郎）

封じ込めと修復計画

IRの成功は、適切な封じ込めと業務復旧を両立することにかかっている。封じ込めとは、インシデントを迅速に封じ込め、脅威者がネットワーク上の他のリソースにアクセスするのを阻止するためのプロセスである。封じ込め方法は個々のインシデントに対して固有であり、封じ込め段階での目標は脅威を環境から排除することではなく、「脅威の拡散を阻止」することである。インシデント調査の過程で新たな脅威やTactics Techniques and Procedures（TTP、サイバー攻撃者が使用する戦術、技術、手順の総称）が発見された場合、封じ込め方法は頻繁に更新・維持されなければならない。業務復旧には、以下の脅威の根絶と被害からの回復に取り組むものである（**図5-4**）。

自社の封じ込め能力を評価する際の質問事項を起点に議論することができる。

1. 不正な通信が確認された場合、自社のセキュリティ技術は外部IPアドレスに対してネットワークブロックを開始しているか
2. インシデントの急増を食い止めるために、対応チームはどのような行動をとっているか
3. 特定された悪意のあるメールを、アカウントから迅速に削除する技術的専門知識と能力があるか
4. 全社的なアカウントパスワードのリセット作業を開始できるか
5. セキュリティチームは、悪用された脆弱性を是正するためにパッチを迅速に適用できるか

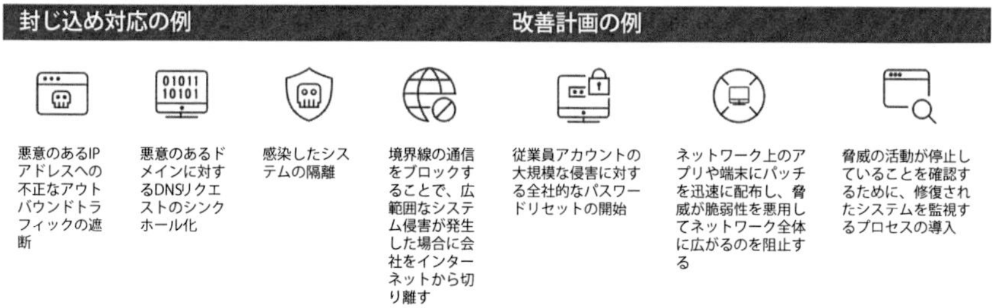

封じ込め対応の例　　**改善計画の例**

悪意のあるIPアドレスへの不正なアウトバウンドトラフィックの遮断

悪意のあるドメインに対するDNSリクエストのシンクホール化

感染したシステムの隔離

境界線の通信をブロックすることで、広範囲なシステム侵害が発生した場合に会社をインターネットから切り離す

従業員アカウントの大規模な侵害に対する全社的なパスワードリセットの開始

ネットワーク上のアプリや端末にパッチを迅速に配布し、脅威が脆弱性を悪用してネットワーク全体に広がるのを阻止する

脅威の活動が停止していることを確認するために、修復されたシステムを監視するプロセスの導入

図5-4　封じ込めと修復計画の例

表5-5　サイバー机上演習における６つの質問

1. IR調査ツールを迅速に展開するためのプレイブックは開発されているか
2. データログのソースは、環境全体を可視化するために収集され、保持されているか
3. ネットワークとエンドポイントのアーキテクチャ（図、セキュリティ・ツールとコントロール、アプリケーション、ポリシー、オペレーティング・システムなど）を詳述した最新のドキュメントをインシデント対応の担当者に提供できるか
4. インシデント発生時にシームレスに展開できるよう、セキュリティ関連技術一式が十分に文書化されているか
5. ビジネス上重要な資産を特定し、その詳細を提供するための一元的な資産目録が存在するか
6. インシデントの処理とエスカレーションに関する手順が文書化されているか

テスト能力

外部の専門家を起用することで実施する「サイバー机上演習」は、組織のインシデント対応能力とその実効性を検証できる。机上演習には、組織のインシデント対応能力を評価するための模擬サイバー攻撃シナリオが含まれる。例えば、ウェブサイトの改ざん、機密記録へのアクセス、ネットワークからの機密データの持ち出しなどである。

参加者は、提示されたインシデントの兆候や問題を発見し、特定し、優先順位をつけて対処するために、参加者が可能な限り対応を実施する。その間、ファシリテーターであるコンサルタントは、参加者のリアルタイムの判断が組織の文書化された計画やプロセス（またはその欠如）とどのように一致しているか、または業界のベストプラクティスと比較してどのように乖離しているかを判断するために、参加者を観察する。

机上演習は経営層向けのプログラムも多数あり、サイバーインシデントを会議室で実践的に経験し、必要な改善策を認識し、優先順位をつけることができることから、積極的な参加が広まっている。

その他にも、セキュリティ監視担当とインシデント対応担当には以下の質問することで、インシデント対応準備の状況とインシデント調査をサポートする社内外の関係者の成熟度を理解することができる（**表5-5**）。

インシデント対応ベンダーの選定

インシデント対応ベンダーは（フォレンジック業社と呼ばれることもあるが作業範囲が大きく異なる）、主にインシデント対応に関わる初動対応から原因調査や改善を支援する。インシデント対応の専門家は、市場に出回る新しいセキュリティの脅威を常に把握し、それらの脅威から守るための貴重な最前線の経験、情報、技術、スキルを有する。多くの企業にとって、インシデント対応ベンダーは馴染みの薄い業種でもあるが、軽視はできない。経営者はインシデント対応ベンダーの選定において重要な責務を背負っており、CISOと緊密に連携して、できれば平時に契約を締結しておきたい。

その際に、インシデント対応ベンダーの経験や能力を測るために、以下の6つの質問を含めることが有効である（**表5-6**）。

IRリテイナー契約の事前確立

インシデント対応発生時は火事と同じく即対応が理想であり、それを可能にするのがインシデント対応リテイナー契約である。リテイナー契約は特定のニーズに合わせて、いくつかの異なる方法でパッケージ化することができ、どのインシデント対応リテイナーが自社に適しているかを判断する際には、以下の重要な要素を考慮すべきである。

1. 予算：多くのベンダーは前払いの時間数と、調査中に追加時間が必要になった場合の事前交渉による時間課金を含んでいる
2. 未使用時間：前払いの時間を使用した場合、ほとんどの契約では、その時間を積極的なインシデント対応コンサルティング・サービスに使用することができる
3. 対応時間：ベンダーの初期対応時間およびインシデント対応担当者を任

表5-6　インシデント対応ベンダーへの７つの質問

1. インシデント対応専門チームはあるか　彼らに経験はあるか
2. 過去１年間にどれくらいのインシデントに対応したか、どのような種類のインシデントが発生したか
3. マルウェア分析能力とインテリジェンス・リソースはどの程度のものか
4. 法執行機関と連携した経験があるか
5. 調査終了後、攻撃者が本当にいなくなったことをどのように確認するか
6. インシデントが確認された場合、どのようなサービスレベルを提供するか
7. リモートサポートはどの程度迅速に提供できるか

命するまでの保証期間（SLA）を確認することは重要である

4. 期間と支払い条件：リテイナー契約の多くは12か月間であり、前払いであることが多い
5. 付加価値サービス：一部のベンダーは、リテイナー契約やアドオン契約により、追加サービスを提供している
6. サイバー保険：ほとんどのプロバイダーは、インシデントに直接対応するために発生したインシデント対応費用のみを補償している。また、強力なセキュリティ・プログラムを備えていることを証明できる企業には、保険料の割引を提供しているところもある

5章のまとめ

◇一度サイバー攻撃を受けた企業は、攻撃者から繰り返しターゲットとして狙われる可能性が高い。このため、一度サイバー攻撃が発生した企業においては、二度と同種の攻撃手法においてサイバー攻撃を受けないよう、再発防止策を策定する重要性は極めて高い。
◇会社におけるサイバーセキュリティに関する体制は、その会社の内部統制システムの一部と言える。取締役の内部統制システム構築義務には、適切なサイバーセキュリティを講じる義務が含まれ得るとされている。
◇取締役が負う内部統制システム構築義務の一環として適切なサイバーセキュリティ体制構築義務が含まれており、それに違反した場合には、当該違反により発生した損害について損害賠償責任を負うと解されている。
◇サイバーセキュリティにおいて重要な概念となるのが重層的防御（Defense in Depth）である。サイバーセキュリティにおいても、この重層的防御の概念が応用されており、単一かつ絶対の施策は存在しないとの理解の下、重層的なセキュリティ対策が肝要となる。
◇再発防止の最大の目的は、企業のサイバーセキュリティが本来あるべき姿に向けて、計画性と柔軟性を持って適切に管理できるよう組織を体質改善することにある。そして、適切な管理には大きく分けて、①人・組織、②業務プロセス、③テクノロジーがある。
◇サイバーリスクマネジメントは“終わりなき戦い”であり、組織ができることは「備え」続けることである。戦況は時として急激に変化することも視野に入れ、自社のセキュリティ戦略は定期的に見直すことが有効である。
◇再発防止では、自社を狙う可能性が高い攻撃者のプロファイル、動機、意図、特性、手法に関する脅威インテリジェンスを利用し、標的型攻撃の準備と対応において、情報に基づいた意思決定が可能となる。
◇企業にとっては、膨大なグローバル・インテリジェンス・リソースを提供する、IRサービス・プロバイダーとの関係を構築することが有益となる。

ケーススタディ

あまり語られない インシデント対応の実情

コロナ禍によって企業はリモートワーク環境の構築を迫られたが、攻撃者にとっては新たな侵入口を得る形となり、不正アクセスやランサムウェア攻撃の猛威が世界中で広まった。サイバー攻撃の脅威は、もはや対岸の火事ではなくなったはずだが、その深刻さを本当の意味で知る企業はまだ少なく、実情としてはインシデント対応をしっかりと乗り越えた組織のみが、その貴重な経験値から学べるにとどまる。これだけ多くのサイバーリスク関連セミナーが催されていても、細かなインシデント対応の苦悩と失敗が、社外で大らかに語られることはほぼない。

その内容の多くは小さな設定ミスから始まり、とても他社には言えないような管理不足やさまざまな認識していた課題の放置などが含まれている。対応した当事者としては、その惨状を恥ずべきこととして社外どころか社内でも、特定関係者以外は他言無用とするケースもある。本書では参考までに、共通事項の多かった複数の事例を一つのケースとして、反省点を顧みながら紹介したい。

A社は複数の工場を持つ上場企業で、長い歴史とともにM&A（合併・買収）も行っている国内でも著名で優良な企業である。いつも通り迎えるはずだったある早朝未明に、工場からシステム担当へ急ぎの連絡が入ることから、創業以来最悪とも言えるインシデント対応が始まった。工場のOTなどを管理する生産システムはインターネットに接続していなかったが、ERP（統合業務ソフト）により受注から出荷を経て取引先へ請求するまでの機能は、本社を通じてインターネットにもつながっていた。そして、そのERPに関わる機能に異常が生じたため、システム担当へ緊急の連絡が入ったのだ。

担当者は急ぎサーバー室やデータセンターで原因を探るが、その過程でシステム障害の原因は一部サーバーが目の前で暗号化され、言わばシステムが次々と機能不全に陥っていることに気がつく。ランサムウェア攻撃の可能性に気がつくのにさほど時間はかからず、被害確認の作業中に目の前で次々にアクセスとコントロールを失い、午前9時頃にはすでにほぼすべてのサーバーが起動不可か、起動はしていてもアプリケーションやデータが暗号化されているため動作不可となった。第一報を受けてから3〜4時間程度の間に、ネットワークにつながっていたPCを含めると数千台が一網打尽に暗号化され、何も知らずに出社したユーザーは業務に着手すらできず、ただ自席で待機させられた。

深刻な事態は、始業時間を待たずして経営層へ速報として知らされ、その時点ではすでに現場判断で全社のネットワークをインターネットから切断。被害の最小化と初動対応は始まっていた。短時間のうちにインターネットからの抜線を判断し、実施できる企業は多くない（その正否は慎重な検討が本来必要であるが、インシデント対応で常にそのとき最善な判断ができるかどうかについて、平時にあらゆる状況を想定して判断基準を備えておく必要がある）。

経営層は、速報としてランサムウェアの可能性と、システム担当がバックアップデータからの復旧作業に着手したと聞く。従前からバックアップには投資してきた上に、災害対策で遠隔に計3つのバックアップを構成しているはずだ。あとは、遅くとも1週間あればすべては復旧するだろうと、当時の担当者は楽観的だったとも言える心境を振り返る。

ERPを中心とした業務は機能しておらず、全社的に混乱はしているが、工場の生産が稼働していることは確認できた。しかし、1週間が過ぎても状況が改善することはなかった。まず期待していたバックアップだが、3つすべてが同一のネットワーク上で保管されていたために、他と同様に攻撃を免れることはなく暗号化されてしまっていた。

物理的に遠く離れたデータセンターを設置していたにもかかわらずだ。攻撃者からすればネットワークの分離が行われておらず、不正アクセスした環境は一つの大きな枠で囲っただけのネットワークでしかなかったため、枠内を一網打尽にすることは容易だった。バックアップを使ったデータの復旧が困難（もはや不可能）となり、せめてERPのシステム環境をどうにか回復することはできないかと、担当者たちは試行錯誤を重ね、開発委託先などへも相談を始めた。

異常検知から数日過ぎた段階で、一部の危機管理担当者は最悪の事態となることを想定した場合に、自社のリソースでは不足が多いことを大いに懸念した。この段階で外部の専門家へ協力を依頼する準備を始めていた。しかし、ここでいくつかの問題に直面する。まず、誰に相談すればよいか見当もつかない。サイバー保険にも未加入であり、費用負担や見積に必要な要件定義も自社でこなす自信がない。

状況は一向に改善しなかったが、「生産機能は生きており、人海戦術で出荷ができればこの状況はどうにか乗り切れる」、という漠然とした楽観的な雰囲気が感じられた。危機感の体感温度に個人差が生まれ、具体的な解決に進まないまま日数だけが過ぎていた。

A社は取引のある大手保険会社からサイバー保険の紹介を受けていたので、そのつてでサービス紹介と復旧を含む支援の相談を行った。複数に声がけして馴染みがないとしても、納得感を得て協力業者を選定したい。しかし、システム子会社の担当はスピード重視へと先走り、本社と合意形成もせずに最初に紹介された業者X社と、契約手続きが不十分なまま対応作業を現場で始めてしまっていた。越権行為であったが、それ以上に助けが来たという安堵感が勝ち、なし崩し的に黙認して早期の解決を待った。

しかし、インシデント対応の専門家であるはずの担当者を含め、状況の整理と今後の対応プランの打ち合わせを重ねるが、1週間経過しても進捗が見えてこない。それもそのはずである。その担当者はデジタルフォレンジックの分析を専門とする分析官で、組織の業務が機能不全に陥った状況のインシデント対応という全体像を把握し、脅威の封じ込め・業務機能の回復・原因と被害の調査を立案しながら推進するには知見が不足していたのだった。

一部の社内関係者は、この業者だけでは解決できないと機転を利かせ、他に紹介を受けていた業者のうち、提案内容に共感できる部分が高かったZ社へ助けを求めた。Z社は大規模インシデントの経験が豊富で、分析調査のみならず官庁を含むステークホルダー対応、決算がずれることを想定した会計処理や監査法人対応の助言、個人情報漏洩も視野に入れた適切な助言と対応準備を得意とした。他にも既存ERPシステムが復旧できない場合の代替システム構築支援や全体進捗管理のPMO支援、弁護士チームによる助言と法務支援など、クライシス対応の専門集団として有名だった。

しかし、社内の一部上層部には複数業社は不要であり、自社でできることを地道に進めようという意見が強く根づいていたため、X社の支援の問題が大きくなるまでZ社の起用が遅れることとなった。この間、業務関連システムは唯一攻撃を免れたメール機能のみが稼働しており、他はすべてが機能不全のまま3週間弱経過していた。さらに、調査専門のX社は別件調査でリソースがないことから、原因調査の分析もほぼ着手できていないという散々たる状況だった。

X社の起用が上手くいかなかった理由として、X社は自社内にコンサルタントという営業担当以外の機能がなく、セキュリティや調査などのリソースは下請けに委託しているだけだったことが事後になって判明していた。どうにか受注した後に、そこから必要な機能を下請け連合的に組成するためどうしても対応は遅く、リソースの乏しさから待ち時間が長期で発生した。これでは火事場において、タイムリーな対応は期待できるはずもない。

A社はZ社による支援に大きく舵を切り、一気に体制が整備され、認識できていなかった問題点や課題が次々に明らかになった。自然と経営層の緊張感も高まる。ここで学ぶべき教訓は、現場を信用するという名目で報告を待ったことである。経営層が細かな疑問や不満を積極的に指摘することにより、正しい方向に導けなかった点が挙げられる。日本企業の体質でしばしば指摘される点でもあるが、現場チームが優秀であるがゆえに現場主導のプロジェクト推進に寄りかかり過ぎ、リーダーたちは報告待ちの姿勢になりがちになる。

インシデント対応で問題なのは、現場は通常業務に追加してインシデント対応を負担するにもかかわらず、さらに上層へ忖度しながら報告準備をしなければならないという悪循環を生むことにある。本書で繰り返し説くように、インシデント対応ではリーダーシップが短期決戦の要点であり、現場はリーダーの指示で最適化され、情報を共有できなければならない。

A社はバックアップデータが攻撃により暗号化された件で、ERPの復旧は絶望的だった。ERPが業務の基幹であり、受注・生産・出荷・請求のすべてが複雑に連携しており、広くは取引先へも自動でデータ成形して送信することで、出荷明細と請求費用の整合性を相互で自動管理していた。すなわちサイバー攻撃による業務影響は、ほぼリアルタイムでシステム連携しているような主要取引先の知るところとなっていた。

A社はERP不在が、取引先の支払処理や決算まで影響を及ぼすとは考えもしていなかった。多少の誤配送をしてでも商品を届ける姿勢は、一定の評価を得たものの、いつになったらシステムは復旧するのか担当者を通じてクレームが増える。数日以上のシステム不在の状況は、取引先もサイバー攻撃の可能性を疑い始め、質問の矛先はシステム復旧から情報漏洩を含むセキュリティの安全性へとさらに広がる。

苦肉の策で法務と広報は未経験の事態の中、本事案のウェブサイトへの公開に着手した。できる限り誠意のある内容を発信することに気を取られ、受け側に対して余計に不安を募らせることに加え、発表内容へさらなる問い合わせがくることや、その問い合わせが広報だけでなく四方八方からありとあらゆるアプローチにより、会社の負担を増やすことは想定外だった。

Z社が支援するまで情報統制は緩く、営業担当者が個々でわかる範囲で謝罪し対応していた。原因の調査も進んでおらず不確定な情報が社内でも錯綜し、実情をよくわかっていない人物までもがプレッシャーに負けて、できる限り知っていることを伝えてしまう。このために不要な不安感と追加質問をさらに呼び込み、システム担当には確認の問い合わせが雪だるま式に殺到していったのである。

疲弊したシステム担当チームは当初、最大限の説明を試みるが次第に対応しきれず、不要な責任追及を避けるために情報共有を渋り始め、状況はさらに悪化した。何が事実で、何がわかっているか組織全体で見失ってしまったのである。

幸いにして、第三者の専門家チームが間に入ることで情報が整理され、一元管理ができるようになった。そしてERPの開発元から、古いものだが開発段階で残していたオリジナルのERPシステムのバックアップデータが、被害を逃れて使えそうだとの朗報が入る。A社のERPは独自開発後、更新を繰り返しさまざまな機能が増設されており、元通りの形にするにはさらなる作業が必要だが、ゼロから開発する猶予はない。多くの可能性を検証するが、ここで大きな分岐点を迎える。ランサムウェア攻撃者との交渉についてである。

ここで、誤解のないように強く申し上げたいが、本書は攻撃者と被害者が連絡を取ることはお勧めしない。しかし、経営者として合理的な判断を下す選択肢の一つとして、暗号化された状態を金銭で解決する検討行為は、推奨はできずとも視野に入れるべきだと考える。なぜなら、「最終手段としてERPを1年以上かけて再開発し直すのか？」「それとも暗号カギで複合して復旧を優先するのか？」という、ビジネスとのバランスを鑑みた経営判断であるべきだからである。

もし、身代金の支払いにより早期決着を進めるのならば、たいていの組織は最後まで、賛成派と反対派の真っ二つに別れることを強く留意してほしい。それでは、その状態からどのように支払い交渉へ進んだのであろうか。まずはやみくもに交渉を始めながら、様子を見て支払いを決めるケースもなくはないが、非常に遅いペースで時間が進むため早期解決の妨げとなりがちだ。

筆者が見たケースでは1，2名の強い責任感と判断力を有した経営層の一部が、「私が責任を取るからこの金額を上限に交渉を任せて欲しい」と強い意志を持って、事業を救う気持ちを経営会議などの場で明かすケースが多かった。そして、そのような組織はインシデント対応において、技術力などに不足があったとしても他のケースより短期間で軟着陸することが多い。インシデントの早期解決は、結果として企業のダメージを最小化でき、復旧も早まることになる。

インシデント対応の失敗とは、すなわち対応が終わったと宣言するのに時間がかかる状況か、もしくは終わったと思っても官庁や取引先から不十分であるなどして再調査の指導が入り、不時着できない状況を指す。火事に例えれば、火がまだ鎮火していないのである。

バックアップもろともデータを失った企業はどうなるか、想像をしていただきたい。ファイルサーバーやERPなどが停止したため受注、生産、出荷、請求の一連の流れが滞る。情報の連携はもとより、必要なデータも開けない状態が続き、手作業で資料作成に奔走する。財務・経理では決算の問題が勃発する。

単なるシステム障害ではなく、システムとデータを失った状態では四半期も締められない。締めるのに何が必要か、ゼロから確認が必要になる。確認している間も手作業で、請求金額が不明瞭なまま出荷は続く。想定以上の危機的状況に経営層も困惑し、取締役も顧客への説明と謝罪に奔走する。

これまでの取り組みとして、ERPシステム構築に携わったベンダーに相談、設計書などがないか確認するが、納品済みのデータはないとの回答を得る。数年前のバックアップを見つける。ベンダーと相談し、それをベースに再構築する計画を試算するが、ベンダーからは早くて半年以上かかると言われる。システムもデータも失い、手動に切り替えた業務負担は会社全体を覆い、経営層も日夜議論を交わし、出口の見えない中で計画が立てられず、焦燥感だけが募るのである。

この事例はあくまで近年多く見るランサムウェア攻撃の一例だが、このような悲惨な状況をリスクシナリオとして想定し、自社のサイバーセキュリティについて最新の「総合健康診断」を実施してみるのはいかがだろうか？

おわりに

2021年12月、私は日刊工業新聞社からセミナー企画の依頼を受けた。これまでに前例のない3週連続のセミナー企画で、2022年5月に実施した。コンセプトは“サイバーリスクは経営課題”および“貴方がもし明日CISOに任命された時の実践的手引書”とした。このセミナーのコンテンツは、サイバーリスクマネジメントについて試行錯誤する多くの方々より大変有意義だったというご評価をいただいた結果、本書の出版へと至った。セミナーも本書も同様に、日本のサイバーリスクマネジメントを牽引する各方面のスペシャリストの方々がプロボノとして講演や執筆のご協力をいただいた。彼らと共にCRMJ研究会を組織し、今後もますます困難になってくるであろうサイバーリスクマネジメントの重要性と、その普遍性について啓発活動を行っている。今後も新たなサイバーの脅威やその備えについて、継続して発信していきたいと考えている。

さて、本書の最大の特徴は、それぞれの専門領域の現場に立つ者が執筆していることだ。それゆえ実践的な内容であり、臨場感にあふれている。そして、執筆者は共通して、組織における自身の守備範囲だけを対処するのではなく、組織内さらにはステークホルダー全体のバリューチェーンを俯瞰的に捉えることの重要性を挙げている。“揺り籠から墓場まで”のようなシームレスな実践のサイクルを回していくにあたり、本書は体系的な“強化書”となるだろう。サイバーリスクが経営陣にとって大きな懸念事項と言われる状況下で勝ち抜くためには、外部専門家からのサポートも視野に入れたOne Team Conceptが不可欠だ。サイバーリスクマネジメントは、部分的な解決手法ではなく、脅威インテリジェンスからエンドポイントセキュリティまで体系的に抑える、まさに“Art of Science”の究極であると言えよう。

現場の臨場感をできる限り忠実に再現をした結果、重複したメッセージも散見されるが、ご容赦いただきたい。難解な指南書ではなく、読みやすさを重視した。

本書は経団連のサイバーリスクハンドブックをベースにしているため、大規模上場企業やグローバル企業にとって実践的な内容だと言える。しかし、CRMJ研究会のもう一つの狙いと願いとしては、中堅・中小企業におけるサイバーリスクマネジメントの浸透である。企業規模は違えど、基本事項は共通箇所が多い。中堅・中小企業のみなさまにもぜひ参考にしていただきたい。

最後になるが、まずは本書に最大級の賛辞を与えて頂いた、一般社団法人経済団体連合会副会長の遠藤信博様に御礼を述べさせていただきたい。その労を取っていただいた、同会産業技術本部の中嶋康様、吉田雄真様にも御礼申し上げたい。本書を実現するにあたり、CRMJ研究会のメンバー全員（梶浦敏範氏、北條孝佳氏、小島清顕氏、木村勇人氏、及川信一郎氏、神吉敏雄氏、岩間優仁氏、石原紀彦氏、内山純一郎氏、山岡裕明氏）に感謝を述べたい。また、本セミナーにおいてMCを務められたSGR法律事務所の柿内さおり様にも多大なるご協力を頂戴した。編集においては日刊工業新聞社の名取貴様、矢島俊克様、宮里秀司様にも大変お世話になった。また、筆者の上司でありマーシュジャパン日本代表の中西主氏をはじめ、マーシュサイバープラクティスのメンバー（古原研二氏、鈴木久幸氏、鈴木哲史氏、藤田しのぶ氏、馬場直子氏、赤渕寛信氏）および広報の高田裕美子氏にも、側面から効果的な支援を頂戴した。末尾に、長年に渡り仕事を最優先してきた昭和のビジネスマンである筆者を支えてくれた妻、佐藤恵美子にも深い感謝を申し上げたい。

2023年1月吉日

深谷の自宅にて　佐藤 徳之

索引

〈監修者紹介〉

梶浦 敏範（かじうら としのり）：第２章[1]、第３章[4]執筆

一般社団法人 日本サイバーセキュリティ・イノベーション委員会代表理事 兼 上席研究員。名古屋大学工学研究科情報工学専攻修了、日立製作所で研究・製品企画・事業開発に従事。小泉内閣のIT戦略展開、麻生内閣ではデータ活用による事業構造改革を提案。経団連で日米欧のデジタル政策対話を主導、TPPやRCEPへの提案も行った。サイバーセキュリティ会合については、発足以来８年間主査を務めた。サプライチェーン・サイバーセキュリティ・コンソーシアム運営委員会議長も務める。

佐藤 徳之（さとう とくゆき）：第２章[2]・[3]執筆

マーシュジャパン シニアバイスプレジデント。1989年マーシュジャパン入社。93年米国西海岸日系企業責任者に就任。2000年よりマーシュ、マーサー、オリバーワイマンの持ち株会社Marsh & McLennanでグループ戦略部門のアジア地区総責任者。2004年にマーシュジャパンに復帰。現在サイバーリスクのプラクティスリーダー。2018年カーネギーメロン大学CISOリーダーシップスクール終了。2019年ハーバード大学サイバーセキュリティ・オンラインスクール終了。東京大学工学部および明治学院大学で非常勤講師。

〈執筆者紹介（執筆順）〉

小島 清顕（こじま きよあき）：第１章[1]・[3]執筆

SGR法律事務所 アトランタ在住 パートナー弁護士。神奈川県小田原市出身で、幼少期から米国に在住。2003年からジョージア州アトランタ市を拠点に北米全域で活動。法人再編やコンプライアンス、サイバーセキュリティなどの幅広い法務に対応。2017年より現職。

木村 勇人（きむら はやと）：第１章[1]・[3]執筆

SGR法律事務所・交換弁護士。2011年東京大学法科大学院修了、同年渥美坂井法律事務所・外国法共同事業に入所。主に不動産ファイナンス、銀行業務、証券化、再生可能エネルギー、事業再生、国内外の訴訟などに対応。22年米ミシガン大学ロースクール（LL.M.）修了。22年8月より現職。

北條 孝佳（ほうじょう たかよし）：第１章[2]、第４章[1]執筆

西村あさひ法律事務所 弁護士。警察庁技官として10年以上サイバー攻撃事案の解析、支援、研究業務に従事。現在は、企業内における不祥事対応、危機管理対応などを中心に、さまざまなサイバーセキュリティ事案の調査・法的措置・再発防止策に関する法的アドバイスを提供。埼玉県警察本部サイバー犯罪対策技術顧問など多くの委員にも就任。

及川 信一郎（おいかわ しんいちろう）：第2章④執筆

日本ヒューレット・パッカード　執行役員プリセールスエンジニアリング統括本部長。プリセールスエンジニアとして、主にサーバー技術を中心に通信業界を始めとした幅広い業種を担当。ハードウェアレイヤーの視点から見たゼロトラストセキュリティについて幅広く紹介。

神吉 敏雄（かんき としお）：第3章①・②執筆

三井物産セキュアディレクション（MBSD）取締役CSO。1987年京都大学大学院工学研究科卒、同年三井物産入社。2010年、MBSD代表取締役社長に就任し同社の事業拡大、脆弱性診断からSecurity Operation Center、さらにThreat Hunting事業へ展開。

岩間 優仁（いわま まさとみ）：第3章③執筆

Trellix バイスプレジデント。日本電気（NEC）で光・衛星通信機器輸出拡販事業、北米現地法人でのマネジメント、通信キャリア・企業データネットワーク構築事業に携わる。米ファイア・アイ執行役副社長を経て、2021年より現職。18年カーネギーメロン大学CISOリーダーシップ認定プログラム修了。

石原 紀彦（いしはら のりひこ）：第3章⑤執筆

サイバージムジャパン 代表取締役CEO。2001年慶應義塾大学法学部卒業後、ゴールドマン・サックス入社。2018年よりバルクホールディングス代表取締役。同年に子会社としてサイバージムジャパンを設立。イスラエルのサイバー・トレーニングなどを日本とアジアで展開。

内山 純一郎（うちやま じゅんいちろう）：第4章②、第5章②執筆

マンディアント・ジャパン（グーグル・クラウド・ジャパン合同会社）執行役員／カントリー・マネージャー。オークランド工科大学修士課程を首席で修了。システムエンジニアを経て、2012年から総合コンサルファームでフォレンジックを主軸としたクライシス対応などに従事。22年6月より現職。

山岡 裕明（やまおか ひろあき）：第5章①執筆

八雲法律事務所代表弁護士。University of California Berkeley School of Information修了(Master of Information and Cybersecurity（修士))。内閣サイバーセキュリティセンタータスクフォース構成員（2019～2020年、2021年～）。サイバーセキュリティ協議会運営委員会「サイバー攻撃被害に係る情報の共有・公表ガイダンス検討会」検討委員(2022年～)。企業のサイバーインシデントレスポンスを専門とする。

〈編著者紹介〉

CRMJ研究会

CRMJ（Cyber Risk Management Japan）研究会は、サイバーリスク対策の実務に精通したスペシャリスト、システムエンジニア、弁護士により2022年4月に設立された。経済団体や国の機関、各種団体とも連携し、情報交流やセミナー開催、出版物の執筆などによりサイバーリスクマネジメントの普及と周知に努めている。

サイバーリスクマネジメントの強化書
経団連「サイバーリスクハンドブック」実践の手引き　NDC336

2023年1月30日　初版1刷発行　定価はカバーに表示されております。
2024年8月30日　初版3刷発行

監修者　梶浦敏範
　　　　佐藤徳之
編著者　CRMJ研究会
発行者　井水治博
発行所　日刊工業新聞社

〒103-8548　東京都中央区日本橋小網町14-1
電話　書籍編集部　03-5644-7490
　　　販売・管理部　03-5644-7403
　　　FAX　03-5644-7400
振替口座　00190-2-186076
URL　https://pub.nikkan.co.jp/
e-mail　info_shuppan@nikkan.tech

印刷・製本　新日本印刷（POD2）

落丁・乱丁本はお取り替えいたします。　2023　Printed in Japan
ISBN 978-4-526-08246-7　C3034